D1986852

Monika Roth / Mario Erni

Regulation und Reputation
Der Finanzplatz Schweiz und die Compliance seiner Unternehmen

Monika Roth
Prof. Dr. iur., Advokatin

Mario Erni
MLaw, wissenschaftlicher Assistent

Regulation und Reputation

Der Finanzplatz Schweiz und die Compliance seiner Unternehmen

Mit einem Vorwort von Dr. Mark Eisenegger, fög, Forschungsbereich Öffentlichkeit und Gesellschaft, Universität Zürich

Für Caspar – mit bestem Dank und der Erwartung guter und fruchtbarer Diskussionen

Mario Erni
Okt 2008

DIKE

Umschlagbild: «silence»

Stefan Loeliger, geboren 1964 in Basel, ist fotografischer Autodidakt. Entgegen dem modischen Zeitgeist gilt seine Leidenschaft der analogen Schwarzweissfotografie. Seine Arbeiten entstehen vorbedacht, manuell und ausserhalb digitaler Beliebigkeit. Alle Schritte – von der Filmbelichtung über die Negativentwicklung bis zum Vergrössern auf hochwertiges, archivfestes Barytpapier – unterliegen der handwerklichen Kontrolle des Fotografen.

Bibliografische Information der ‹Deutschen Bibliothek›.
Die Deutsche Bibliothek verzeichnet diese Publikation in der Deutschen Nationalbibliografie; detaillierte bibliografische Daten sind im Internet über ‹http://dnb.ddb.de› abrufbar.

ISBN 978-3-03751-123-7

www.dike.ch

«Standort gegoogelt – Schweiz gefunden»

(Titel eines Beitrags in: SonntagsZeitung vom 11.11.2007, S. 19)

Wir Autoren danken der Swiss Life für die Unterstützung dieses Projektes. Im Rahmen eines Beratungsmandates an das Institut für Finanzdienstleistungen IFZ wurden wir gebeten, vor allem Fragen der unternehmensinternen Selbstregulierung nachzugehen. Der Auftrag erfolgte ohne Vorgaben und wir konnten unserer Forschung ergebnisoffen nachgehen.

Zug / Binningen, im September 2008 Monika Roth und Mario Erni

INHALTSVERZEICHNIS

Literaturverzeichnis XI

Abkürzungsverzeichnis XXIV

Abbildungsverzeichnis XXVII

Vorwort XXIX

TEIL I THEMEN

1. THEMA UND ZIEL DER SCHRIFT 1

2. BEGRIFFLICHES 19

2.1 Reputation 19

2.1.1 Begriffsabgrenzung Prestige, Image, Reputation 22
2.1.2 Prestige 22
2.1.3 Image 24
2.1.4 Marken (*brands*) 26

2.2 Reputationsrisiko 27

2.3 Reputation im Finanzbereich 30

2.4 Prävention und Schaden 33

3. REGULIERUNGSDICHTE IM FINANZBEREICH 35

3.1 Aufsichtsrecht 35

3.2 Einfluss von Soft Law 36

3.3 Regulierung als Reputationsfaktor 40

3.4 Unternehmensinterne Regulierung 49

3.4.1 Wissen in der Alltagswelt 49
3.4.2 Mensch und Risiko 53

3.5 Selbstregulierung 56

3.5.1 Selbstregulierung als Deregulierung 57
3.5.2 Unternehmensinterne Selbstregulierung 58
3.5.3 Das Interesse des Publikums an unternehmensinterner Selbstregulierung 68

3.6	Kontrollumfeld	74
3.7	Integritätsstrategie und Integritätsinfrastruktur	76
3.8	Fazit	77
4.	STANDORTFAKTOREN	83
4.1	Allgemeine Bemerkungen	83
4.2	Die drei Ebenen der Standortfaktoren	83
4.3	Allgemeine Standortfaktoren	85
4.3.1	Arbeitskräfte	85
4.3.2	Material und Rohstoffe	85
4.3.3	Lage und Verkehr	86
4.3.4	Boden und Liegenschaftsmarkt	87
4.3.5	Nähe zum Kunden	87
4.3.6	Umwelt	88
4.3.7	Steuern und Abgaben	88
4.3.8	Politische Stabilität	89
4.3.9	Sicherheit	89
4.3.10	Rechtssystem	90
4.3.11	Grundversorgung und Infrastruktur	90
4.3.12	Fazit	91
4.4	Bedeutung des Finanzsektors für die Schweiz	92
4.4.1	Quantitativer Überblick	92
4.4.2	Beitrag des Finanzsektors	94
4.4.3	Wahrnehmung der Bevölkerung	95
4.4.4	Fazit	95
4.5	Standortfaktoren für Finanzintermediäre	97
4.5.1	Attraktives Steuer- und Abgabesystem	97
4.5.2	Ausgewogene Aufsicht und Regulierung	98
4.5.3	Marke Schweiz	99
4.5.4	Offene Kapitalmärkte und globale Vernetzung	100
4.5.5	Infrastruktur	102
4.5.6	Bankkundengeheimnis	103
4.5.7	Starker Schweizer Franken	106
4.5.8	«Skilled Personnel»	107
4.5.9	Politische Stabilität	109
4.5.10	«Cluster»	111
4.5.11	Fazit	112
4.6	Produktspezifische Standortfaktoren	112
4.6.1	Standortfaktoren für Finanzprodukte	112

4.6.2 Die Liechtensteiner Investmentunternehmen 113
4.6.3 Das Schweizer Kollektivanlagengesetz 115
4.6.4 Fazit 117

4.7 Kundenspezifische Standortfaktoren 118
4.7.1 Standortfaktoren für Kunden 118
4.7.2 Private Placement Life Insurance (PPLI) 118
4.7.3 Aufbau der PPLI 119
4.7.4 Vorteile für den Kunden von PPLI 120
4.7.5 Weitere Faktoren für Kunden 121
4.7.6 Fazit 122

5. DER FAKTOR STEUERN 123

5.1 Begriff Steuerfaktor 123
5.1.1 Steuersatz 123
5.1.2 Fiskalquote 124
5.1.3 Doppelbesteuerungsabkommen 124
5.1.4 Erhebungsaufwand 125
5.1.5 Einkommenssteuern 125

5.2 Bedeutung des Standortfaktors Steuern 126

5.3 Hindernisse des Schweizer Steuersystems 127

5.4 Steueranreize der bestehenden Steuersysteme 130
5.4.1 Andere Länder, andere Anreizsysteme 130
5.4.2 Steuervergünstigungen 130
5.4.3 Steueranreize bei den Einkommenssteuern 131
5.4.4 Selektive oder allgemeine Steueranreize 131
5.4.5 Legitimität des Steuerwettbewerbs 132
5.4.6 Grenzen der Steueranreizsysteme 133

5.5 Fazit 134

TEIL II THESEN

6. AUSGANGSLAGE, VORGEHEN, ERGEBNISSE 137

7. THESENÜBERSICHT 140

8. THESEN UND AUSWERTUNG 143

LITERATURVERZEICHNIS

ACKERMANN, JOSEF, Wie das internationale Finanzsystem zu stärken wäre, NZZ vom 22./23.12.2007, S. 29

AELLEN, MARCEL LIVIO, Die Gewähr für eine einwandfreie Geschäftstätigkeit gemäss Art. 3 Abs. 2 lit. c des Bankengesetzes, Bern 1990

ALTORFER-ONG, STEFAN, Ein Schweizer Staatsfonds aus dem 18. Jahrhundert, NZZ vom 20.3.2008, S. 31

ATTESLANDER, JAN ET AL., Wirtschaft und Recht, 8. Aufl., Oberentfelden 2006

BARDT, HUBERTUS, Industriepolitik bleibt Industriepolitik, FAZ vom 5.7.2008, S. 13

BAUER, RICHARD, Der diskrete Charme des Lac Léman, NZZ vom 9.5.2008, S. 29

BAUHOFER, BERNHARD, Reputation Management, Glaubwürdigkeit im Wettbewerb des 21. Jahrhunderts, Zürich 2004

BAUMANN, MAX, Recht und Ethik – Dimensionen einer kommunikativen Rechtstheorie, in: HOTZ, SANDRA/MATHIS, KLAUS (HRSG.), Recht, Moral und Faktizität, Festschrift für Walter Ott, Zürich 2008, S. 122–131

BAUMBERGER, JÖRG, Macht und Ohnmacht von Staatsfonds, NZZ vom 26.2.2008, S. 27

BEBENROTH, RALF/DIETRICH, DIEMO/VOLLMER, UWE, Bank regulation and supervision in Japan and Germany: A comparison, Discussion Paper Series No. 211, Universitäten von Kobe, Halle und Leipzig, November 2007

BENTELE, GÜNTER, Images und Medien-Images, in: FAULSTICH, WERNER (HRSG.), Image, Imageanalyse, Imagegestaltung, Bardowick 1992, S. 154 ff.

BENTELE, GÜNTER/BROSIUS, HANS-BERND/JARREN, OTFRIED (HRSG.), Lexikon der Kommunikations- und Medienwissenschaft, Wiesbaden 2006

BERGER, PETER L./LUCKMANN, THOMAS, Die gesellschaftliche Konstruktion der Wirklichkeit, Eine Theorie der Wissenssoziologie, 21. unveränderte Aufl., Frankfurt am Main 2007

BERNET, BEAT, Schweizerische Finanzplatzpolitik und Finanzplatzstrategie, Normative Aspekte einer modernen Finanzmarktordnung, in: Rechtliche Rahmenbedingungen des Wirtschaftsstandortes Schweiz, Festschrift 25 Jahre juristische Abschlüsse an der Universität St. Gallen (HSG), Zürich 2007, S. 273–282

BIETA, VOLKER/KIRCHHOFF, JOHANNES/MILDE, HELLMUTH, Geschäftsbanken in Gefangenschaft, NZZ vom 5./6.4.2008, S. 31

BÖSIGER, MARKUS, Der Ehrbegriff im Schweizerischen Strafrecht, Zürich 1983

BOURDIEU, PIERRE, Vom Gebrauch der Wissenschaft, Konstanz 1998

BREITSCHMID, PETER, 100 Jahre ZGB – Bewahrung und Entwicklung, Handelszeitung vom 9.–15.1.2008, S. 17

BRÖNIMANN, DAVID, Steuerstandort Schweiz – Emissionsabgabe abschaffen, FuW vom 29.9.2007, S. 33

BROST, MARC/SCHIERITZ, MARK, Jetzt ist Durchblick gefragt, DIE ZEIT vom 7.2.2008, S. 21

BÜCHEL, BRUNO, Die Gründung einer Bank im Fürstentum Liechtenstein, Ruggel 2004

BÜHLER, RENATE/LAREIDA, MONICA/PROBST-GYGAX, NADINE/QUIRICI, MANUELA/RÖTHLISBERGER, EDITH/ZIMMERLI, THOMAS, *Compliance, Risikoverhalten, Risikokultur* – aus Sicht der Personalrekrutierung, der Personalentwicklung und der Führung, Gruppenhausarbeit im Rahmen des Diploma of Advanced Studies DAS Compliance Management am Institut für Finanzdienstleistungen Zug IFZ (Hochschule Luzern – Wirtschaft), 8. Lehrgang 2007/2008

CHIA, DER JIUN, Objectives and Principles of Financial Supervision in Singapore, in: Regulation and the Limits of Competition, Economics Symposium Series, Centre for Governance and Leadership, Singapore 2007, S. 44–58

COHAN, WILLIAM D., The last Tycoons, The secret history of Lazard Frères & Co, USA 2008

DÉDEYAN, DANIEL, Die rechtliche Konstruktion der Reputation, in: Vertrauen – Vertrag – Verantwortung, Festschrift für Hans Caspar von der Crone zum 50. Geburtstag, Zürich 2007, S. 3–21

DE ROTHSCHILD, EVELYN, Ethical standards must be restored in finance, FT vom 9.5.2008, S. 11

DEN OTTER, MATTHÄUS, Ein Paradigmenwechsel bei der Genehmigung von Publikumsfonds, NZZ vom 30.1.2008, S. 65

DIGGELMANN, OLIVER, Lautloser Wandel, Beschränken internationale Vereinbarungen Volksrechte und Freiheit?, Das Magazin 36–2007, S. 38–40

DOMIZLAFF, HANS, Die Gewinnung des öffentlichen Vertrauens, Ein Lehrbuch der Markentechnik, Hamburg 1992; leicht gekürzt wiedergegeben in: DIE ZEIT vom 28.2.2008, S. 22

DORN, THEA, Im Sport gibt es kein Reinheitsgebot, Die Literarische Welt vom 5.7.2008, S. 1

DRUEY, JEAN NICOLAS, Der Informations-Fetischismus, in: KRAMER, ERNST A./NOBEL, PETER/WALDBURGER, ROBERT (HRSG.), Festschrift für Peter Böckli zum 70. Geburtstag, Zürich 2006, S. 589–610

EISENEGGER, MARK, Reputation in der Mediengesellschaft, Handout zum Vortrag, gehalten am 18.4.2008 am IFZ (Kurs 8 DAS Compliance Management)

– Vom Vorteil, die Nummer zwei zu sein, io new management Nr. 3/2006, S. 15–18

– Reputation in der Mediengesellschaft, Wiesbaden 2005

EISENEGGER, MARK/IMHOF, KURT, Das Wahre, das Gute und das Schöne: Reputations-Management in der Mediengesellschaft, fög discussion paper 2007-0001, Zürich 2007

ELIAS, NORBERT, Über den Prozess der Zivilisation, Zweiter Band, Wandlungen der Gesellschaft, Entwurf zu einer Theorie der Zivilisation, 22. Aufl., Frankfurt 1999

EPINEY, ASTRID, Stellung und Bedeutung des Völkerrechts, Demokratie, Rechtsstaat und Gewaltentrennung im Gleichgewicht, NZZ vom 4.9.2007, S. 18

ESCH, FRANZ-RUDOLF, Strategie und Technik der Markenführung, 3. Aufl., München 2005

FORSTMOSER, PETER, Corporate Responsibility und Reputation – zwei Schlüsselbegriffe an der Schnittstelle von Recht, Wirtschaft und Gesellschaft, in: Unternehmen – Transaktion – Recht, Liber Amicorum für Rolf Watter zum 50. Geburtstag, Zürich 2008, S. 197–209

FORSTMOSER, PETER, Wirtschaftsrecht im Wandel, Erfahrungen aus vier Jahrzehnten, Abschiedsrede an der Universität Zürich vom 14.12.2007 (Auf diesem Vortrag basierender Text publiziert unter dem Titel «Vom Kriechgang in den Schnellgang im Schweizer Wirtschaftsrecht», NZZ vom 29./30.12.2007, S. 29)

– Von der Schildkröte zum Hasen – Beschleunigung im schweizerischen Gesetzgebungsverfahren, in: HOTZ, SANDRA/MATHIS, KLAUS (HRSG.), Recht, Moral und Faktizität, Festschrift für Walter Ott, Zürich 2008, S. 161–177

GALLAROTTI, ERMES, Kampf um das Vertrauen der Kunden, NZZ vom 11.12.2007, S. 21

GAMMA, ANNA/EUGSTER, JÖRG/GRÜNENFELDER, REGULA, Ethik 2006, Ethikbilanz in der Schweizer Politik, Zürich 2006

GEHRIGER, PIERRE-OLIVIER/RETTIG, JOHANNES, Steuerwettbewerb – Schweizer Steuersystem weiterhin kompetitiv, ST 2007, S. 675–682

GEIGER, HANS/HUBLI, IVO, Kosten der Bankenregulierung, ST 8/04, S. 601–608

GERSBACH, HANS, Ernsthaften Politikern sollten Verträge mit dem Volk gelegen kommen, NZZ vom 25./26.8.2007, S. 29

GOMEZ, PETER/LACHER, ROMEO/ZIMMERMANN, STEPHAN, Wettbewerbsfähige Finanzplatz-Infrastruktur, NZZ vom 20.6.2007, SB 17

GSCHWEND, LUKAS, Die Schweiz als Wirtschaftsstandort, Eine rechtshistorische Perspektive, in: Rechtliche Rahmenbedingungen des Wirtschaftsstandortes Schweiz, Festschrift 25 Jahre juristische Abschlüsse an der Universität St. Gallen (HSG), Zürich 2007, S. 41–52

HANDSCHIN, LUKAS, Steigendes Risiko aus der Haftung für Organisationsfehler, NZZ vom 7.2.2006, S. 25

HANK, RAINER, Es ist immer noch gut gegangen, Frankfurter Allgemeine Sonntagszeitung vom 3.2.2008, S. 48–49

HANDLER, ERNST-WILHELM, Kann eine Firma etwas Göttliches an sich haben?, FAZ vom 23.1.2008, S. 33

HARDER, THOMAS, Im Erfolg lauern Gefahren, Zur Lage der Marke Schweiz, NZZ vom 3.12.2007, S. 11

HARTZ, PETER, Macht und Ohnmacht, Ein Gespräch mit Inge Kloepfer, Hamburg 2007

HASENBÖHLER, FRANZ, Recht der kollektiven Kapitalanlagen, Zürich/Basel/Genf 2007

HAUCAP, JUSTUS/KÜHLING, JÜRGEN, Bessere Regulierung für Europa, FAZ vom 13.10.2007, S. 13

HEILMANN, SEBASTIAN, Die Volksrepublik China als lernendes autoritäres System, NZZ vom 28./29.6.2008, S. 29

HEINEMAN, BEN W. JR., High Performance with High Integrity (Memo to the CEO), Boston 2008

– Avoiding Integrity Land Mines, HBR April 2007, S. 100–108

– Caught in the Middle, in: Corporate Counsel April 2007, (Sonderdruck, ohne Seitenangaben)

HOFMANN, GUNTER, Nationalstaat, zerfasert, DIE ZEIT vom 13.7.2006, S. 6

HOFSTETTER, KARL, Korrekturbedürftige Bussen-Exzesse im europäischen Kartellrecht, Plädoyer für die Berücksichtigung der Compliance-Anstrengungen im Unternehmen, NZZ vom 29.5.2008, S. 29

HOPT, KLAUS J., Erwartungen an den Verwaltungsrat in Aktiengesellschaften und Banken – Bemerkungen aus deutscher und europäischer Sicht, SZW 3/2008, S. 235–247

HOPT, KLAUS J./ROTH, MARKUS, Die Sorgfaltspflicht der Aufsichtsratsmitglieder, in: KRAMER, ERNST A./NOBEL, PETER/ WALDBURGER, ROBERT (HRSG.), Festschrift für Peter Böckli zum 70. Geburtstag, Zürich 2006, S. 413–428

HUBER, PETER, Gut strukturiert ist halb gewonnen, NZZ vom 25.6.2008, SB 27

HUMMLER, KONRAD, Der Schweizer Finanzplatz im Trilemma, NZZ vom 20.6.2007, SB 15

HÜPKES, EVA, Finanzmarkt-Regulierung ist ein Balanceakt, NZZ vom 18.1.2008, S. 31

– Globale Märkte und nationale Regulierung – die Schweizer Finanzplatzpolitik vor neuen Herausforderungen, GesKR 4/2007, S. 340–354

ISELI, THOMAS, Führungsorganisation im Aktien-, Banken- und Versicherungsrecht, Zürich 2008

ISLER, PETER R., Einführung zur Vermögensverwaltung in der Schweiz, ZSR 127 (2008) I, S. 3–8

JAEGER, FRANZ/GÜSSOW, CAROLIN, Beschreibung der staatlichen Rahmenbedingungen des Standortes Schweiz, in: FRIEDLI, THOMAS/FLEISCH, ELGAR/JAEGER, FRANZ/GEBAUER, HEIKO (HRSG.), Industriestandort Schweiz, Bern 2007, S. 213–234

JAUSSI, THOMAS, Steuerstandort Schweiz: Steuerrechtlicher Obligationenbegriff, FuW vom 20.10.2007, S. 34

JUNG, JOSEPH, Von der Schweizerischen Kreditanstalt zur Credit Suisse Group, Eine Bankengeschichte, 2. Aufl., Zürich 2000

KAPPELER, BEAT, Mehr Staatsfonds – weniger Konkurrenz, NZZ am Sonntag vom 23.3.2008, S. 41

KILGUS, SABINE, Effektivität von Regulierung im Finanzmarktrecht, Zürich 2007

KIRCHNER, CHRISTIAN, Steueranspruch und Moral, FAZ vom 12.4.2008, S. 11

KISTLER, PASCAL M., «Ethical Culture» als Teil der Corporate Governance, in: Vertrauen – Vertrag – Verantwortung, Festschrift für Hans Caspar von der Crone zum 50. Geburtstag, Zürich 2007, S. 307–319

KLÖTI, LORENZ, Heikles Management von Personal-Risiken, NZZ vom 2.4.2008, S. 29

KUNZ, PETER V., Corporate Governance – Tendenz von der Selbstregulierung zur Regulierung, in: KRAMER, ERNST A./NOBEL, PETER/WALDBURGER, ROBERT (HRSG.), Festschrift für Peter Böckli zum 70. Geburtstag, Zürich 2006, S. 472–496

LAM, CHUAN LEONG, Opening Remarks of the Symposium, in: Regulation and the Limits of Competition, Economics Symposium Series, Centre for Governance and Leadership, Singapore 2007, S. 7–9

LANDOLF, URS/HÄFELIN, REGULA/IMARK, LUKAS, Möglichkeiten und Grenzen der Steuerplanung im Unternehmen, unter Berücksichtigung der Entwicklungen in der Corporate-Governance-Praxis, in: KRAMER, ERNST A./NOBEL, PETER/WALDBURGER, ROBERT (HRSG.), Festschrift für Peter Böckli zum 70. Geburtstag, Zürich 2006, S. 77–109

LÄNZLINGER, ANDREAS, Korruptionsbekämpfung: Compliance auf dem Prüfstand, in: Unternehmen – Transaktion – Recht, Liber Amicorum für Rolf Watter zum 50. Geburtstag, Zürich 2008, S. 273–294

LAWSON, JOHN B., An Introduction to PPLI, in: LOURY, KIRK (HRSG.), The PPLI Solution, Princeton 2005

LENGWILER, YVAN, Die Kreditkrise ist eine Regulierungskrise, NZZ vom 10./11.5.2008, S. 33

LINDER, THOMAS, Steuerstandort Schweiz: Unternehmensinvestitionen in F&E, FuW vom 6.10.2007, S. 33

LINDER, THOMAS/MÜLLER, ANDREAS, Steuerliche Anreize für Forschung und Entwicklung, ST 2008, S. 146–154

LÖPFE, PHILIPP, Die Diktatur des Kapitalismus, SonntagsZeitung vom 20.1.2008, S. 15–16

MAST, CLAUDIA, Unternehmenskommunikation, 2. Aufl., Stuttgart 2006

MATHIS, KLAUS, Das Recht im Lichte der Effizienz, Was können die Juristen von den Ökonomen lernen? ZSR 123 (2004) I, S. 479–491

MELLEROWICZ, KONRAD, Markenartikel – Die ökonomischen Gesetze ihrer Preisbildung und Preisbindung, München/Berlin 1963

MERTEN, KLAUS, Begriff und Funktion von Public Relations, PR-Magazin Nr. 11-1992, S. 35–46

MEYER, ANDREAS, Steuerstandort Schweiz: Gruppenbesteuerung, FuW vom 14.11.2007, S. 30

– Steuerstandort Schweiz: Verrechnungssteucr – Umdenken zugunsten der Steuerpflichtigen notwendig, FuW vom 10.10.2007, S. 29

MINTZBERG, HENRY, Mintzberg on management, inside our strange world of organizations, USA 1989

MOECKLI, SILVANO, Politische Stabilität als Rahmenbedingung für den Wirtschaftsstandort Schweiz, in: Rechtliche Rahmenbedingungen des Wirtschaftsstandortes Schweiz, Festschrift 25 Jahre juristische Abschlüsse an der Universität St. Gallen (HSG), Zürich 2007, S. 7–15

– Politische Stabilität als Standortvorteil, NZZ vom 6.12.2008, S. 17

MORF, CATHERINE, Steuerstandort Schweiz: Missbrauchsbeschluss, FuW vom 31.10.2007, S. 27

MÖSCHEL, WERNHARD, Der Wettbewerb hat keine Lobby, NZZ vom 26./27.3.2005, S. 29

MÜLLER, ANDREAS, Steuerstandort Schweiz im Fokus der Global Players – Auch nichtsteuerliche Faktoren sind für die Standortwahl von Bedeutung, FuW vom 26.9.2007, S. 25

MÜLLER, JÜRG/FREI, SANDOR, Administrative Hürden beim KAG, NZZ vom 30.1.2008, S. 65

NEGA-LEDERMANN, ANNE-MARIE, Finanzplatz – die andere Vision, FuW vom 5.3.2008, S. 1

NIEDERBERGER, WALTER, Das Verfallsdatum des Bankgeheimnisses naht, TA vom 23.6.2008, S. 9

NOBEL, PETER, Corporate Governance bei Finanzdienstleistern, PRIVATE 1/2008, S. 54–56

– Die Sorgfaltspflicht des Bankiers, in: EBK (HRSG.), 50 Jahre eidgenössische Bankenaufsicht, Zürich 1985, S. 215–226

NOLMANS, ERIK, Im Bett mit dem Erzfeind, Bilanz 14/2007, S. 56–60

OSTERLOH, MARGRIT/WEIBEL, ANTOINETTE, Investition Vertrauen, Prozesse der Vertrauensentwicklung in Organisationen, Wiesbaden 2006

PAINE, LYNN SHARP, Managing for Organizational Integrity, HBR vom März-April 1994, S. 106–117

PAINE, LYNN/DESHPANDÉ ROHIT/MARGOLIS, JOSHUA D./BETTCHER, KIM ERIC, Up to Code, Does Your Company's Conduct Meet World-Class Standards?, HBR vom Dezember 2005, S. 122–133

PROBST, GILBERT/RAUB, STEFFEN/ROMHARDT, KAI, Wissen managen, Zürich 1997

REICH, ROBERT B., Supercapitalism, New York 2007

RHINOW, RENÉ A., Politische Funktionen des Rechts, ZSR 127 (2008) I, S. 181–206

RHINOW, RENÉ A./BAYERDÖRFER, MANFRED, Rechtsfragen der schweizerischen Bankenaufsicht, Basel 1990

RHINOW, RENÉ A./SCHMID, GERHARD/BIAGGINI, GIOVANNI, Öffentliches Wirtschaftsrecht, Basel 1998

ROHNER, URS, Die beste Aufsicht für den besten Finanzplatz, Handelszeitung vom 10.–16.10.2007, S. 23

ROMMES, JEAN-JACQUES, Talente gesucht, FAZ Verlagsbeilage vom 4.6.2008, B5

ROTH, MONIKA, Good Corporate Governance: Compliance als Bestandteil des internen Kontrollsystems, Zürich 2007

ROTH, MONIKA, Wie managt man Recht und Moral, HBM September 2007, S. 94–105 (Fallstudie, erstellt mit Cornelia Geissler)

– Was integres Verhalten ist, lässt sich festlegen, NZZ am Sonntag vom 13.8.2006, S. 17

– Soft Law – Ordnungsvisionen in flux, Bern 2006

– Compliance, Integrität und Regulierung, Ein wirtschaftsethischer Ansatz in zehn Thesen, Zürich 2005

– Recht und Moral, HBM Mai 2005, S. 132–134

– To do the right things right, Compliance als Weiterentwicklung und Fortführung des Qualitätsmanagement, Zürich 2003

– Compliance – Begriff Bedeutung Beispiele, Basel/Genf/ München 2000

SCHANZE, ERICH, Die Bedeutung von Law and Economics für die Unternehmen, in: Rechtliche Rahmenbedingungen des Wirtschaftsstandortes Schweiz, Festschrift 25 Jahre juristische Abschlüsse an der Universität St. Gallen (HSG), Zürich 2007, S. 103–117

SCHILTKNECHT, KURT, Mehr Wettbewerb, weniger Schmiergelder, Weltwoche Nr. 19.08, S. 19

SCHLICHTING, LARS, Konsolidierte Überwachung der Rechts- und Reputationsrisiken, Zürich 2007

SCHMID, MARKUS/SMITH, ROY C./WALTER, INGO, Geschäfts- und Investmentbanken trennen? FuW vom 23.4.2008, S. 28

SELL, JULIE, A special report on financial centres, The Economist vom 15.9.2007, S. 3–22

SENN, DANIEL, Stabilität kann kein Luxus sein, Clarity, Frühling 2008, S. 31–35

SEVERIN, CHRISTIN, Isle of Man boomt mit cleverer Nischenstrategie, NZZ vom 14.5.2008, S. 29

SOLLBERGER, BETTINA A., Erfolgsfaktor Wissenskultur für ein ganzheitliches Wissensmanagement, Bern 2004

SOLLBERGER, BETTINA A./THOM, NORBERT, Wissenskultur – ein wesentlicher Faktor für den Unternehmenserfolg, Die Volkswirtschaft, 1/2-2007, S. 24–27

STÖCKLI, BEAT, Die Organisation von Banken aus privat-, aufsichts-, straf- und standesrechtlicher Perspektive, Zürich 2008

STROBEL, FRANK, Was bringt ein unternehmensweiter Ethik-Kodex?, ST 5/01, S. 413–418

SUMMERS, LAWRENCE, Six principles for a new regulatory order, FT vom 2.6.2008, S. 11

TAISCH, FRANCO, Management and Law on Corporate Boards, in: Wirtschaftsrecht in Bewegung, Festgabe zum 65. Geburtstag von Peter Forstmoser, Zürich/Basel/Genf 2008, S. 159–164

– Finanzmarktrecht, Zürich 2006

TANNER, ELIANE/HELLER, FABIAN, Die Schweiz als Rohstoffhandels-Drehscheibe, NZZ vom 27.2.2007, S. 23

THIELEMANN, ULRICH, Akzeptanz oder Legitimität? Die Idee verdienter Reputation, CCRS Occasional Paper Series, Paper No. 05/04, Zürich 2004

TSCHIKOF, DANIEL, Der liechtensteinische Fonds im Aufwind, Private 1/2008, S. 46–47

UHE, BERND, Unternehmenswerte, Wertvolle Leitplanken, ALPHA vom 19./20.4.2008, S. 1 und 3

ULRICH, PETER, Was ist «gute» Unternehmensführung?, Handelszeitung vom 29.12.1999, S. 39

VAUBEL, ROLAND, Weshalb die Europäische Union die Arbeitsmärkte reguliert, NZZ vom 23./24.2.2008, S. 31

VILLIGER, KASPAR, Mit regulatorischer Hektik ist der Subprime-Krise nicht beizukommen, NZZ vom 1.4.2008, S. 29

VOGT, LUDGERA, Zur Logik der Ehre in der Gegenwartsgesellschaft, Frankfurt am Main 1997

VOLKMANN, UWE, Gute policey oder Das Recht als Vehikel der Mehrheitsmoral, FAZ vom 29.4.2008, S. 9

VOLLMER, UWE, Law and Finance, WiSt – Wirtschaftswissenschaftliches Studium, Heft 4, April 2005, S. 201–206

VON HAMMERSTEIN, KONSTANTIN, Der Boom der Diktatoren, DER SPIEGEL 23/2008, S. 62–69

VON METZLER, FRIEDRICH, Wir müssen Haltung zeigen, WELT am Sonntag vom 11.11.2007, S. 28

VOSWINKEL, STEPHAN, Anerkennung und Reputation, Konstanz 2001

WAGNER, JÜRGEN, Bankenplatz Liechtenstein, 2. Aufl., Zürich/Basel/Genf 2004

WALSER, MARTIN, Das dunkle Parlament unter dem Schädeldach, Süddeutsche Zeitung vom 5./6.7.2008, S. 19

WATZLAWICK, PAUL, Wie wirklich ist die Wirklichkeit? Wahn, Täuschung, Verstehen, 24. Aufl., München 1998

WATZLAWICK, PAUL/BEAVIN, JANET H./JACKSON, DON D., Menschliche Kommunikation, Formen, Störungen, Paradoxien, 10. unveränderte Aufl., Bern/Göttingen/Toronto/Seattle 2000

WEBER, ROLF H./DARBELLAY, ALINE, Combating Market Abuse: The New Swiss Circular on Market Behavior, SZW 3/2008, S. 299–312

WEIBEL, ANTOINETTE/OSTERLOH, MARGRIT, Gut gemachte Kontrolle, ALPHA vom 15./16.3.2008, S. 1

WEINBERG, PETER, Markenartikel und Markenpolitik, in: TIETZ, BRUNO/ KÖHLER, RICHARD/ZENTES, JOACHIM (HRSG.), Handwörterbuch des Marketing, 2. Aufl., Stuttgart 1995, Sp.2681

WIDMER, DIETER, Anonymität – ein Luxusgut?, Clarity, Frühling 2008, S. 47-51

WINCKLER, GRÉGOIRE/ZÜCKER, JASON, Steuerstandort Schweiz: Wertschriftenfonds, FuW vom 28.11.2007, S. 27

ZUBERBÜHLER, DANIEL, Finanzkrise und Bankenaufsicht, Handout zum Vortrag, gehalten am 19.6.2008 am IFZ (Kurs 8 DAS Compliance Management)

ZUFFEREY, JEAN-BAPTISTE, «Pragmatismus, Dialog und Differenzierung zur Verhinderung von Überregulierung», Medienkonferenz der EBK vom 19.4.2005

ZULAUF, URS, Gläubigerschutz und Vertrauensschutz, ZSR 113 (1994) II 359–535

ZULAUF, URS/ZIBUNG, OLIVER, Aufsichtsregeln zur Vermögensverwaltung in der Schweiz – Status Quo und Ausblick, ZSR 127 (2008) I, S. 9–40

Broschüren und Materialien

BOTSCHAFT DES BUNDESRATES über die Volksinitiative «Gegen Kampfjetlärm in Tourismusgebieten» vom 13.9.2006, BBl 2006 7629

CITY OF LONDON, The Global Financial Centres Index, March 2008 http://www.zyen.com/Knowledge/Research/GFCI%203%20March%202008.pdf (Stand 2.5.2008)

DELOITTE, Reconnecting for profit, London 2008

EIDGENÖSSISCHE BANKENKOMMISSION, Beauftragte der EBK, Bericht März 2008

Eidgenössische Bankenkommission, Jahresbericht 2007

EIDGENÖSSISCHE BANKENKOMMISSION, Selbstregulierung im Schweizer Finanzsektor («EBK-Bericht Selbstregulierung»), Juli 2007

EIDGENÖSSISCHES FINANZDEPARTEMENT, Finanzplatz und Finanzplatzpolitik Schweiz, September 2006

EIDGENÖSSISCHES FINANZDEPARTEMENT, Kennzahlen zum Finanzstandort Schweiz, Dezember 2007

EIDGENÖSSISCHE STEUERVERWALTUNG, Abteilung Grundlagen, Fiskaleinnahmen des Bundes 2007, Bern 2008

FINANZMARKTAUFSICHT LIECHTENSTEIN, Entwicklung der Bewilligungen inländischer Investmentunternehmen, S. 1 (Stand 11.4.2008) http://www.fma-li.li/?page_id=268&node=243&level=2&l=2

FINANZMARKTAUFSICHT LIECHTENSTEIN, Jahresbericht 2006, Vaduz 2007

FINANZMARKTAUFSICHT LIECHTENSTEIN, Jahresbericht 2007, Vaduz 2008

INSTITUT FÜR MARKT- UND MEINUNGSFORSCHUNG, Aktuelle Bankenfragen 2008, Meinungen und Vorstellungen der Schweizer Bürger, Studie durchgeführt für die SCHWEIZERISCHE BANKIERVEREINIGUNG, Basel 2008 http://www.swissbanking.org/20080222-5000-schlussbericht_asb2008.pdf (Stand 28.3.2008)

KOMMISSION ZIMMERLI, Expertenbericht Zimmerli I, Integrierte Finanzmarktaufsicht, Juni 2003

LAUSANNER MANAGEMENT-INSTITUT IMD, World Competitiveness Yearbook (WCY), Lausanne 2008

OECD, Revenue Statistics 1965–2006, Paris 2007

PRICEWATERHOUSECOOPERS/THE WORLD BANK, Paying Taxes 2008, The Global Picture, 2008

SCHWEIZERISCHE BANKIERVEREINIGUNG, Aktuelle Bankenfragen 2008 (Studie durchgeführt durch Institut M.I.S. Trend SA, Lausanne)

SCHWEIZERISCHE BANKIERVEREINIGUNG, Jahresbericht 2000/2001

SCHWEIZERISCHE BANKIERVEREINIGUNG, Wie viel und welche Regulierung tut den Banken und dem Finanzplatz gut?, Positionspapier Mai 2004

SCHWEIZERISCHE BANKIERVEREINIGUNG/ SCHWEIZERISCHER VERSICHERUNGSVERBAND/ SWISS FUNDS ASSOCIATION/ SWISS FINANCIAL MARKET SERVICES AG, Masterplan Finanzplatz Schweiz, 2007 http://www.sfms.com/download/media/media20070913_presentation_de.pdf (Stand 19.5.2008)

SENIOR SUPERVISORS GROUP, Observations on Risk Management Practises during the Recent Market Turbulence, 6.3.2008

SWISS FINANCIAL CENTER WATCH, Portrait des Finanzplatzes Schweiz, Schlussbericht 2007, Zürich 2008

SWISS FINANCIAL CENTER WATCH, The Swiss Financial Center as a Value Added System 2007, Monitoring Report, Zürich 2008

WELTWIRTSCHAFTSFORUM (WEF), Global Competitiveness Report http://www.weforum.org/pdf/Gcr/profiles08/Switzerland.pdf (Stand 19.5.2008)

WELTWIRTSCHAFTSFORUM (WEF), Travel and Tourismus Competitiveness Report, http://www.weforum.org/ttcr08browse/index.html (Stand 29.3.2008)

WERTPAPIERWELT, Tradition und Innovation, Schweizer Wirtschaftsgeschichte auf Wertpapieren, Zürich 2007

ABKÜRZUNGSVERZEICHNIS

AB	Amtliches Bulletin
Abb.	Abbildung
Abs.	Absatz
AktG	Aktiengesetz vom 6. September 1965 (Deutschland)
Art.	Artikel
Aufl.	Auflage
BankG	Bundesgesetz über die Banken und Sparkassen, vom 8. November 1934
BBl	Bundesblatt
BBT	Berner Bankrechtstage
BGE	Entscheidungen des Schweizerischen Bundesgerichts, Amtliche Sammlung
BIP	Bruttoinlandprodukt
Bst.	Buchstabe
bzw.	beziehungsweise
CCRS	Center for Corporate Responsibility and Sustainability, Zürich
CHF	Schweizer Franken
DAS	Diploma of Advanced Studies
d.h.	das heisst
E.	Erwägung
EBK	Eidgenössische Bankenkommission
EFV	Eidgenössische Finanzverwaltung, Bern
EG	Europäische Gemeinschaft
et al.	et alii (und weitere)
EU	Europäische Union
EuGH	Europäischer Gerichtshof
EWR	Europäischer Wirtschaftsraum
f., ff.	und die folgende(n)
FATF	Financial Action Task Force on Money Laundering
FAZ	Frankfurter Allgemeine Zeitung (Frankfurt a.M.)
FINMA	Eidgenössische Finanzmarktaufsicht
FINMAG	Bundesgesetz über die Eidgenössische Finanzmarktaufsicht
FMA	Finanzmarktaufsicht (Fürstentum Liechtenstein)
FN	Fussnote

FSA	Financial Services Authority
FSF	Financial Stability Forum
FT	Financial Times (London)
FuW	Finanz und Wirtschaft (Zürich)
GebV	Gebührenverordnung
GesKR	Zeitschrift für Gesellschafts- und Kapitalmarktrecht (Zürich)
GwG	Bundesgesetz zur Bekämpfung der Geldwäscherei im Finanzsektor, vom 10. Oktober 1997
GwV-EBK	Geldwäschereiverordnung der EBK
HBM	Harvard Businessmanager (Hamburg)
HBR	Harvard Business Review (Boston)
HNWI	High Net Worth Individual
Hrsg.	Herausgeber
IFZ	Institut für Finanzdienstleistungen Zug
insb.	insbesondere
IOSCO	International Organization of Securities Commissions
IUG	liechtensteinisches Gesetz über Investmentunternehmen, vom 3.5.1996
KAG	Bundesgesetz über die kollektiven Kapitalanlagen, vom 23.6.2006 (Kollektivanlagengesetz)
LGBl.	Landesgesetzblatt (Fürstentum Liechtenstein)
lit.	litera
LTCM	Long-Term Capital Management
MAS	Monetary Authority of Singapore
MDax	Mid-Cap-Dax
MiFID	Markets in Financial Instruments Directive
Mio.	Millionen
MPII	Moore Park Investments Inc.
Mrd.	Milliarden
N	Nationalrat
N.	Note
NGO	Non-Governmental Organization
Nr.	Nummer
NZZ	Neue Zürcher Zeitung (Zürich)
OECD	Organisation for Economic Co-operation and Development
OR	Schweizerisches Obligationenrecht, vom 30. März 1911/ 18. Dezember 1936
PPLI	Private Placement Life Insurance
Rz	Randziffer

S.	Seite
SB	Sonderbeilage
SBV	Schweizerischer Bankverein
SBVg	Schweizerische Bankiervereinigung
SEC	Securities and Exchange Commission
Slg.	Sammlung
Sp.	Spalte
ST	Der Schweizer Treuhänder (Zürich)
StGB	Schweizerisches Strafgesetzbuch, vom 21. Dezember 1937
StHG	Bundesgesetz über die Harmonisierung der direkten Steuern der Kantone und Gemeinden, vom 14. Dezember 1990
Swift	Society for Worldwide Interbank Financial Telecommunication
SZW	Schweizerische Zeitschrift für Wirtschaftsrecht (Zürich)
TA	Tages-Anzeiger (Zürich)
TCSWG	Third Country Supervision Working Group
u.a.	unter anderem
US	United States
u.v.m.	und vieles mehr
usw.	und so weiter
vgl., Vgl.	vergleiche
WEF	World Economic Forum
z.B.	zum Beispiel
ZGB	Schweizerisches Zivilgesetzbuch, vom 10. Dezember 1907
Ziff.	Ziffer
ZSR	Zeitschrift für Schweizerisches Recht (Basel)

ABBILDUNGSVERZEICHNIS

Abb. 1: Gründe der Internationalisierung 12

Abb. 2: Funktionale, soziale und expressive Reputation 21

Abb. 3: Reputation – Ein unersetzlicher Wertschöpfungsfaktor 82

Abb. 4: Tätigkeitsgebiete der vollständig Antwortenden 138

Abb. 5: Hierarchiestufe der Befragten 139

Abb. 6: Regulierung vs. andere Standortfaktoren 145

Abb. 7: Ideale staatliche Regulierung 147

Abb. 8: Die Wirkung von Regulierung 148

Abb. 9: Standortfaktor Steuern 150

Abb. 10: Internationale Trends und Standards 152

Abb. 11: Notwendigkeit staatlicher Förderung 154

Abb. 12: Staatliche Privilegien 155

Abb. 13: Reputation durch den Finanzintermediär 157

Abb. 14: Vergleich Branchen 158

Abb. 15: Unternehmensinterne Regulierung 161

Abb. 16: Wertschöpfung 162

Abb. 17: Form der Wertschöpfung 163

Abb. 18: Auswahlkriterien Kunde 165

Abb. 19: Auflösungsgründe Private Banking 167

Abb. 20: Auflösungsgründe Retail Banking 168

VORWORT

Auf ein Buch zu diesem Thema haben wir lange gewartet. Reputation und Regulation sind zwei denkbar wichtige Steuerungsgrössen in unserer Gesellschaft. Warum? Reputation ist die Voraussetzung für Vertrauen. Nur wer Vertrauen geniesst, ist ein Interaktionspartner, auf den sich viele gerne einlassen. So würden wir unser Geld niemals auf eine uns völlig unbekannte Bank an einem zweifelhaften Ort tragen, wären die angebotenen Konditionen auch noch so attraktiv. Weder könnten wir darauf vertrauen, dass der dortige Banker über die notwendige Kompetenz in Finanzfragen verfügt, noch wollten wir darauf bauen, dass wir nicht «über den Tisch» gezogen werden. Aber nicht nur Reputation, auch Regulationen sind unverzichtbare Grundlage für eine funktionierende soziale Ordnung. Ohne Regulationen und die berechtigte Hoffnung, dass die damit verbundenen Regeln auch tatsächlich eingehalten werden bzw. Missachtung geahndet wird, wäre unsere Unsicherheit und unser wechselseitiges Misstrauen so gigantisch gross, dass wir es tunlichst unterlassen würden, auf andere Akteure bezogene, heikle Entscheidungen zu treffen. Sinkende Handlungs- und Investitionsbereitschaft in der Wirtschaft wären die Folge.

Reputation und Regulation sind jedoch nicht nur je für sich wichtige Steuerungsgrössen. Sie hängen auch unmittelbar zusammen. Das zeigt bereits ein kurzer Blick in die Wirtschaftsgeschichte. Alle substanziellen Regulationsschübe der Vergangenheit wurden durch gravierende Reputationskrisen angestossen. So sind der «Sarbanes Oxley Act» und die Regulationsflut auf den Linien der «Corporate Governance» ohne die grossen Bilanzfälschungsskandale und die Managementexzesse um die Jahrtausendwende nicht zu erklären. Man muss denn auch kein Prophet sein um vorauszusagen, dass die aktuelle Hypotheken- und Finanzmarktkrise und der dadurch verursachte gigantische Vertrauensverlust in die Finanzdienstleistungsbranche eine Fülle neuer Regulationen gebären wird. Hier zeigt sich ein wirkmächtiges soziales Gesetz: Je angeschlagener die Reputation von gesellschaftlich relevanten Institutionen, Organisationen und Personen ist, desto mehr müssen rechtlich einklagbare, formalisierte Regulationen dieses Reputationsvakuum ausgleichen und desto mehr müssen staatliche Organe Regulationsfunktionen übernehmen. Die Wirtschaft tut deshalb gut daran, auf ihren Ruf zu achten, will sie stark einschränkende Fremdregulationen vermeiden. Denn je intakter der Ruf relevanter Akteure oder der Wirtschaft ist, desto legitimer erscheinen milde Formen der Selbstregulation. Einen guten Ruf kann sich allerdings nur erhalten, wer sich nicht nur an harten, kodifizierten Rechtssätzen orientiert, sondern auch an weicheren, moralischen Grundsätzen. Nicht alles, was legal ist, erscheint auch legitim (Max Weber)! Diesen Zusammenhang muss beachten, wer nicht früher oder später in eine Reputationskrise geraten will, die erst den Ruf laut werden lässt für unter Umständen stark handlungsbeschränkende Regulationen.

«Weiche» Reputationsdynamiken laufen also den «harten» Regulationsprozessen voraus. Freilich beeinflussen die Regulationsregime ihrerseits den Ruf der jeweiligen Wirtschaft. So werden die tiefen sozial-ökologischen Regulationsstandards in China zunehmend zum Reputationsrisiko für die vor Ort tätigen, westlichen Firmen. Aber auch die Klagekultur und die damit verbundene Rechtsunsicherheit in den USA wirken sich zunehmend negativ auf den Ruf des amerikanischen Wirtschaftsstandortes aus, was immer mehr Marktteilnehmer abschreckt. Auf der anderen Seite waren die Regulationen der Schweizer Wirtschaft immer schon ein wichtiger Standortfaktor und ein Magnet für ausländische Investoren. Dazu zählten in der Vergangenheit insbesondere die hiesigen

Regulationen zur Sozialpartnerschaft als Garanten für einen bemerkenswerten sozialen Frieden. Regulationen sind also keineswegs einfach «schlecht». Ganz im Gegenteil! Effektive Regulationen sind ein eminent wichtiger Standortfaktor. Dies gilt es zu betonen, denn wir durchleben eine regulationsfeindliche Zeit. Seit den 1990er-Jahren haben im Zeitalter der Globalisierung die Deregulations-Programmatiker Oberwasser. Die politische Losung lautet: Dereguliert, baut die Normierungsdichte ab, befreit die Märkte von sämtlichen staatlichen Eingriffen, privatisiert und liberalisiert und alles wird gut! Dies entpuppt sich nicht erst seit dem Marktversagen im Zusammenhang der aktuellen Hypotheken- und Finanzmarktkrise als eine stark verkürzte Sicht.

Wie Reputation und Regulierung zusammenhängen und wie beide Grössen die Wettbewerbsfähigkeit von Standorten beeinflussen, wird in dieser Schrift auf profunde Weise am Beispiel des Finanzplatzes Schweiz beleuchtet. Damit leistet die Publikation einen wichtigen Beitrag sowohl für die Praxis aus Wirtschaft und Politik, wie auch für ein interessiertes wissenschaftliches Fachpublikum.

Zürich, im Juli 2008 Dr. Mark Eisenegger

TEIL I THEMEN

1. THEMA UND ZIEL DER SCHRIFT

1 Dass eine gute Reputation einen Wettbewerbsvorteil für Wirtschaftsstandorte, Branchen und einzelne Unternehmen[1] darstellt, ist eine Binsenwahrheit. Es wird gemeinhin vom «Gütesiegel Reputation» gesprochen.[2] Das hat der deutsche Energiekonzern Eon ausgerechnet im Zusammenhang mit einem Siegelbruch erfahren: 18 Monate lang stritten sich die Kommission der Europäischen Union und das Unternehmen um die Beschaffenheit eines 54 Quadratzentimeter grossen Behördensiegels, welches Ermittler der Wettbewerbskommission aus Brüssel am 29. Mai 2006 an der Türe eines Besprechungsraumes bei der Eon angebracht hatten, in welchem sie beschlagnahmtes Material aufbewahren wollten. Am nächsten Morgen war das Siegel nicht mehr unversehrt und Eon wehrte sich seither gegen den Vorwurf des Siegelbruchs. Die Kosten der Eon für ihre Anwälte und Gutachter betrugen mehr als eine halbe Mio. Euro. Die Eon-Tochtergesellschaft Eon-Energie wurde schliesslich zu einer Geldbusse von 38 Mio. Euro verurteilt, weil sie eine kartellrechtliche Untersuchung der Europäischen Kommission behindert hat. Eons Erklärungen, welche zuerst eine Putzfrau als Schuldige bezeichneten und schliesslich in wissenschaftliche Gutachten über die Erschütterungsfähigkeit von Siegeln endeten, liessen zu viele Fragen offen. «Die Geldbusse wird das Unternehmen ver-

---

1 Ein Reputationsverlust ist quantifizierbar: Im Vergleich zum Januar 2007 ist der Marktwert der UBS an der Börse aufgrund ihrer Geschäfte bzw. Verluste im Zusammenhang mit den Subprime-Positionen im Januar 2008 um 54 Mrd. CHF geschrumpft, vgl. NZZ am Sonntag vom 20.1.2008, S. 31.

2 Vgl. etwa Interview mit Bundesrat HANS-RUDOLF MERZ in: Denaris, 3/2005, S. 13 ff.: « (...) ist eine hohe Reputation zentral für jeden Finanzplatz. Starke und effiziente Aufsichtsinstitutionen mit klarem Auftrag verleihen der Branche ein Gütesiegel und schützen vor Reputationsrisiken.» Dabei geht es um Glaubwürdigkeit, Professionalität und Ehre.

schmerzen können. Schwerer wiegt, dass ihm die Kommission einen Vertrauensbruch attestiert hat – der selbstverständlich auf die EU-Kartellverfahren ausstrahlt, mit denen es Eon zu tun hat.»[3] So schliesst sich der Kreis zum Gütesiegel der Reputation.

2 Reputation kann nur binär beurteilt werden: Es gibt gut oder schlecht, weiss oder schwarz. Man hat also dieses ökonomische Kapital oder man hat es nicht (eine schlechte Reputation bildet kein Kapital). Reputation macht eine andere Person oder eine Institution real, auch wenn sie einem nicht wirklich gegenüberstehen.[4] Daher ist eine gute Reputation von unschätzbarem Wert.

3 Das Verhältnis zwischen Regulierung und Reputation eines Finanzplatzes (konkret: Was leistet die Regulierung für die Reputation), weiter die Fragen, ob und inwieweit regulatorische Anforderungen notwendig sind, wirtschaftliche Auswirkungen nach sich ziehen und allenfalls zu strukturellen Veränderungen z.B. durch Markteintrittsbarrieren führen und das Wachstum beeinflussen sowie andere Themenkreise um «Law and Economics» bilden immer wieder Gegenstand von Diskussionen und Auseinandersetzungen verschiedenster Art.[5]

---

[3] FAZ vom 31.1.2008, S. 22 (Vertrauensbruch von Eon); vgl. auch S. 15 (Siegelbruch kostet Eon 38 Millionen Euro); weiter auch FAZ vom 25.1.2008, S. 24 (Gerüttelt, erschüttert oder gebrochen?).

[4] Vgl. BERGER/LUCKMANN, Die gesellschaftliche Konstruktion der Wirklichkeit, S. 32.

[5] So MATHIS, Das Recht im Lichte der Effizienz, mit zahlreichen Verweisen, sowie ROTH, Compliance, Integrität und Regulierung, S. 4 ff.; vgl. für die Politik die Postulate Stähelin vom 17.6.2005 (05.3175 und 05.3456). Auch MONTESQUIEU hat sich mit diesen Ansätzen befasst, ohne sie so zu benennen: «Pour maintenir l'esprit de commerce, il faut que les principaux citoyens le fassent eux-mêmes; que cet esprit règne seul, et ne soit point croisé par un autre; que toutes les lois le favorisent ...»; vgl. zudem SCHWEIZERISCHE BANKIERVEREINIGUNG, Standortbestimmung Finanzmarktregulierung; GEIGER/HUBLI, Kosten der Bankenregulierung, S. 601 ff.: Der Bundesrat wurde beauftragt, in einem Bericht unter anderem darzulegen, welcher

Zu den bekanntesten wissenschaftlichen Exponenten gehören RICHARD POSNER, FRANK EASTERBROOK und ROBERT BORK. Die Universität St. Gallen bietet seit Herbst 2005 einen Masterstudiengang in der Disziplin Law and Economics an.

4 Auch Exponenten von Ländern bzw. Finanzplätzen wie etwa Singapur, die gemeinhin als sehr wirtschaftsfreundlich gelten, vertreten die Ansicht, dass der freie Markt nicht funktionieren kann «without a very highly regulated environment or regime.»[6] Dies ergibt sich nicht zuletzt daraus, dass die Finanzmarktgesetzgebung dazu dienen sollte, «to preserve and promote investors' confidence in the integrity of the markets.»[7] Das kann im Rahmen von strafrechtlichen oder aufsichtsrechtlichen Bestimmungen erfolgen.[8] Weil Vertrauen und Reputation eng miteinander zusammenhängen und in einem zirkulären Verhältnis zueinander stehen, ist Regulierung reputationswirksam.

5 Eine harte Regulierung kann etwas wert sein. Regulierung kann nicht verglichen werden mit einer Steuer, etwa der Stempelsteuer. Diese verursacht nur Kosten und die Investoren weichen ihr einfach aus.[9]

Nutzen für die einwandfreie Reputation des Finanzplatzes Schweiz aus der Umsetzung der FATF-Empfehlungen entsteht. Weiter z.B. «Überregulierung bedeutet Exodus», Interview mit KONRAD HUMMLER in: Handelszeitung vom 27.7.2007, S. 2, oder The Economist vom 2.2.2008, S. 14 f. (Financial regulation, Repairs begin at home). Siehe zudem den Jahresbericht EBK 2007.

6 So LAM, Opening Remarks of the Symposium, S. 7.

7 WEBER/DARBELLAY, Combating Market Abuse: The New Swiss Circular on Market Behavior, SZW 3/2008, S. 300.

8 Vgl. WEBER/DARBELLAY, Combating Market Abuse: The New Swiss Circular on Market Behavior, SZW 3/2008, S. 300.

9 Vgl. Interview mit RUDOLF VOLKART in: FuW vom 12.7.2008, S. 21 (Regulierung ist etwas wert, auch wenn sie hart ist).

6 Wenn RENÉ RHINOW schreibt: «Kein Recht ohne Politik, keine Politik ohne Recht»[10], und ausführt, dass beide Bereiche eng aufeinander bezogen und auf einander angewiesen sind, so gilt das in einer entwickelten Gesellschaft auch für Recht und Wirtschaft. Offensichtlich wird dies, wenn man sich den Begriff Wirtschaftsrecht vergegenwärtigt.

7 Hinter den Fragen um die ökonomische Analyse des Rechts steht ein Grundkonflikt: Kann Regulierung und können Bürokratien die Marktkräfte sinnvoll begrenzen und lenken oder sind Märkte so perfekt, dass sie Fehlentwicklungen umgehend korrigieren und ein rationales Gleichgewicht wiederherstellen?[11] Was kann mit Regulierung und Aufsicht vorweggenommen und verhindert werden?[12] Ist es nicht auch so, dass Regulierung neue Probleme schaffen kann? Die Kreditkrise 2007/2008 wird unter anderem zu einem wesentlichen Teil auf falsche Regulierungen des Bankensektors zurückgeführt, welche erstens zu viel Transparenz verlangen, wo sie gar nicht verfügbar sein kann, zweitens kartellfördernd wirken, indem sie die Eigenkapitalerfordernisse der ganzen Branche koordinieren, und drittens in einer Krise die Banken in ihrem Verhalten gleichschalten, was das Systemrisiko verschärft.[13]

8 «Es ist heute in Theorie wie Praxis unbestritten, dass die institutionelle Konstitution und Entwicklung von Finanzmärkten nicht nur den freien Marktkräften überlassen werden

---

[10] RHINOW, Politische Funktionen des Rechts, S. 185.

[11] Im Zusammenhang mit der Subprime-Krise müssen nun die Steuerzahler als unsichtbare Beitragsleistende anstelle der unsichtbaren Hand des Marktes für ein Gleichgewicht sorgen: «Auf einmal braucht es den Staat, um weitere massive Kapitalvernichtung und dann auch Arbeitsplatzvernichtung zu verhindern»; HORST KÖHLER, Interview in: Stern 21/2008, S. 46 (Die Finanzmärkte sind zu einem Monster geworden).

[12] Vgl. dazu «Ich bin ein altmodischer Liberaler», Interview mit ALAN GREENSPAN, in: NZZ am Sonntag vom 13.4.2008, S. 43.

[13] Vgl. LENGWILER, Die Kreditkrise ist eine Regulierungskrise, NZZ vom 10./11.5.2008, S. 33.

darf, sondern durch ihre Stakeholder innerhalb marktwirtschaftlicher Rahmenbedingungen zielgerichtet geplant, gesteuert und überwacht werden muss.»[14] WILHELM RÖPKE hat es so formuliert: «Markt, Wettbewerb und das Spiel von Angebot und Nachfrage erzeugen jene sittlichen Reserven nicht. Sie setzen sie voraus und verbrauchen sie. Sie müssen sie von den Bereichen jenseits des Marktes beziehen.»[15]

9 Von Seiten der EBK kann regelmässig beobachtet werden, dass sich die betroffenen Finanzintermediäre nicht über zusätzliche Regulierung beschweren, wenn sie einen wirtschaftlichen Vorteil darin erkennen[16] – diese Vorteile sind also herauszustreichen, wobei ein allgemeiner Hinweis auf «Verbesserung der Reputation» zu unbestimmt wäre. Insgesamt herrscht wohl ein Abwehrreflex der Unternehmen gegen Regulierung: «The computer is programmed to cry wolf.»[17]

10 Auf einen kurzen, aktuellen Nenner gebracht hat das Dilemma der Regulatoren in Bezug auf Hedge Funds die Financial Times[18]: «Watchdogs are caught between the fear of scaring off agile managers and the need to protect investors. (...) If they get too heavy with hedge funds, agile managers can quickly uproot themselves and move to a more friendly jurisdiction. If they do too little, they run the risk that a re-

---

[14] BERNET, Schweizerische Finanzplatzpolitik und Finanzplatzstrategie, S. 273, welcher gleichenorts die Finanzmarktordnung definiert als vielschichtiges System «rechtlicher, politischer, ökonomischer und ethischer Normen und Institutionen, das den Rahmen für die Entstehung, Gestaltung und Entwicklung von Finanzintermediationssystemen sowie für das Entscheiden und Handeln der Finanzmarktakteure bestimmt.»

[15] Zitiert in NZZ vom 10.2.2006, S. 29 (Liberalismus jenseits von Angebot und Nachfrage).

[16] Vgl. ZUFFEREY, «Pragmatismus, Dialog und Differenzierung zur Verhinderung von Überregulierung», Medienkonferenz der EBK vom 19.4.2005.

[17] THEORDORE LEVITT, zitiert von MINTZBERG, Mintzberg on management, inside our strange world of organizations, S. 315.

[18] FT vom 5.3.2008, S. 15 (Hedge funds present dilemma for regulators).

peat of LTCM could bring down a bank, or that managers could rip off investors.»[19] Der Schutz der Funktionsfähigkeit der Märkte, z.B. der Anleger, und die Wettbewerbsfähigkeit des Finanzplatzes stehen im Fokus. Es geht somit um eine angemessene Beaufsichtigung, die nicht einen Standortnachteil, sondern vielmehr einen Standortvorteil bildet.[20] Nach HALTINER wäre für die Schweiz eine leichtgewichtige Aufsicht angesichts der Bedeutung des Finanzplatzes verhängnisvoll.[21] Zur EBK und zur Nationalbank äusserte er sich dahingehend, dass diese «international hervorragend vernetzt und sehr respektiert» seien.[22] Die Reputation der Aufsicht schafft Vertrauen in den Finanzplatz.

11 Dass der Rechtsbeziehungsfrieden nicht nur Gesetze, sondern «gedämpften Egoismus» erfordert[23], dürfte unbestritten sein.

---

[19] Anm. der Verfasser: LTCM, Long-Term Capital Management, 1998 beinahe zahlungsunfähiger Hedge Funds. Weil ein Zusammenbruch des globalen Finanzsystems befürchtet wurde, kam es zu einer grossangelegten Rettungsaktion. LTCM, «ein bis dahin der Allgemeinheit kaum bekannter Hedge-Fonds (...) hatte sich dramatisch verspekuliert und drohte, einen Kollaps des Bankensystems auszulösen. LTCM war zu dieser Zeit mittels hochkomplexer Derivatekonstruktionen mit einem Eigenkapital von nur 2,2 Milliarden Dollar in Wertpapiergeschäfte verstrickt, die ein Nominalvolumen von atemberaubenden 1,25 Billionen Dollar hatten. Hätten sich die Banker nicht auf ein 3,6 Milliarden Dollar schweres Rettungspaket geeinigt, dann hätte der Untergang von LTCM einige dieser Kreditinstitute mit in die Tiefe reissen können. Doch auch so blieb LTCM ein Musterbeispiel für Selbstüberschätzung, für zu hohe Risiken durch masslose Schulden – und dafür, wie sich renommierte Banker durch scheinbare Genies haben blenden lassen», so SCHÄFER, Der Schock durch den Fonds der Nobelpreisträger, FAZ vom 11.3.2008, S. 25; vgl. auch de.wikipedia.org/wiki/Long-Term_Capital_Management, besucht am 8.3.2008.

[20] Vgl. HÜPKES, Finanzmarkt-Regulierung ist ein Balanceakt, NZZ vom 18.1.2008, S. 31.

[21] So EUGEN HALTINER, Präsident der EBK und ab 2009 der FINMA in einem Interview in: FuW vom 5.7.2008, S. 19 (Gläubigerschutz gewährleisten).

[22] HALTINER in einem Interview in: FuW vom 5.7.2008, S. 19 (Gläubigerschutz gewährleisten).

[23] BREITSCHMID, 100 Jahre ZGB – Bewahrung und Entwicklung, Handelszeitung vom 9.–15.1.2008, S. 17.

Dieser Aspekt wird, so BREITSCHMID, bei deutlich längeren Lebenszyklen des einzelnen Menschen und hektischerer Zyklizität der Entwicklungen an Bedeutung gewinnen. Das beschlägt auch den Finanzplatz.

12 Ob, wie und inwieweit Regulierung und Reputation zusammenhängen, soll in dieser Schrift in Bezug auf den Finanzplatz dargelegt werden. Das heisst, es steht zum einen die Frage im Zentrum, ob und inwieweit die Regelung der Aufsicht (und ihre Umsetzung) nicht nur die Reputation, sondern auch die Kompetitivität (Standortvorteil) beeinflussen[24] und zum andern, ob es andere Aspekte der Rechtsordnung oder ganz andere Faktoren gibt, welche heute die Reputation und damit die Anziehungskraft des Finanzplatzes mitgestalten.[25]

---

[24] Ganz im Sinne, wie es MONTESQUIEU in «L'esprit des lois» umschrieben hat, nämlich dass dieser Esprit der Gesetze «consiste dans les divers rapports que les lois peuvent avoir avec diverses choses». Genannt werden neben der politischen und finanziellen Stabilität als Standortfaktoren für den Finanzplatz Schweiz, der weitestgehend mit dem Begriff Private Banking identisch ist: Gut ausgebildete Fachkräfte sowie spezifisch der Schutz der Privatsphäre jedes Kunden (Bankkundengeheimnis). «Unabdingbares Gegenstück zum Bankkundengeheimnis ist sodann die Integrität des Bankiers» (SCHWEIZERISCHE BANKIERVEREINIGUNG, Jahresbericht 2000/2001, S. 8).

[25] So äusserte sich KONRAD HUMMLER bezüglich der Zukunft des Finanzplatzes Schweiz: «Für mich gibt es drei Szenarien. Wenn wir davon ausgehen, dass die Unternehmens- und auch die privaten Steuersätze weltweit weiterhin sinken, dann wird der fiskalisch bedingte Teil des Bankgeheimnisses obsolet. Nimmt zugleich die Rechtssicherheit in anderen Weltgegenden zu und finden zum Beispiel vermögende Russen oder Malaysier in ihren Ländern genügend Rechts- und Personenschutz, dann wird die Schweiz zu einem ganz gewöhnlichen Finanzplatz – eine interessante Entwicklung. (Das Magazin 26-2007, S. 22, «Dafür hat man mich», Interview mit KONRAD HUMMLER). Vgl. zum Ganzen hinten S. 94 ff.

13 Zu denken ist an die Rechtssicherheit sowie an die politische Stabilität.[26] Die Eigentumsgarantie sowie die weiteren Grund-

[26] Was nicht gleichbedeutend sein muss mit Demokratie; siehe dazu LÖPFE, Die Diktatur des Kapitalismus, SonntagsZeitung vom 20.1.2008, S. 15 f.: «Regimes wie in Singapur zeigen, dass eine boomende Wirtschaft keine Demokratie braucht.» Vgl. «Der Unwirsche», Frankfurter Allgemeine Sonntagszeitung vom 2.3.2008, S. 14; so auch REICH, Supercapitalism, S. 9. Siehe aber EPINEY, Stellung und Bedeutung des Völkerrechts, NZZ vom 4.9.2007, S. 18: «Insgesamt stellen damit Demokratie und Rechtsstaatlichkeit zwei Seiten derselben Medaille dar, die aufeinander angewiesen sind.» Dass Demokratie bzw. im demokratischen Prozess ergangene Entscheidungen Widerspruch erzeugen können, wird anhand des folgenden Beispiels aufgezeigt: Ein Schaf und zwei Wölfe bilden eine Gemeinschaft und beraten über das bevorstehende Mittagessen. Die Wölfe entscheiden die Abstimmung: Das Schaf soll gegessen werden. ROBERT REICH, Supercapitalism, S. 3 ff., weist zunächst auf Milton Friedman hin, welcher davon ausging, dass freie Märkte die Voraussetzung bildeten für politische Freiheit und nachhaltige Demokratie. Für die Gegenwart stellt REICH fest (S. 3): «Free-market capitalism has triumphed. Yet democracy has weakened.» Rechtssicherheit und Planbarkeit beruhen nicht zwingend auf demokratischen Verhältnissen; die Berechenbarkeit der Rahmenbedingungen kann in einem Polizeistaat auch vorliegen. Autokratische Regimes wie China und Russland verzeichnen einen «Turbo-Kapitalismus», so VON HAMMERSTEIN, Der Boom der Diktatoren, DER SPIEGEL 23/2008, S. 62. Siehe weiter VOLLMER, Law and Finance, S. 201, welcher die Auffassung vertritt, «dass die Wirtschaftsordnung und die Effizienz, mit der das Rechtssystem die Durchsetzung finanzieller Ansprüche erlaubt, eine wichtige Wachstumsdeterminante ist.» DIGGELMANN schreibt davon, dass wir uns wohl daran gewöhnen müssen, «dass unsere Demokratie in Zukunft nicht mehr – vielleicht nie mehr – jene Substanz aufweisen wird, an die wir uns gewöhnt haben. Die direkte Demokratie des 21. Jahrhunderts ist substanzärmer als jene des 20. und 19. Jahrhunderts.» KENNETH ROTH, Executive Director von Human Rights Watch, hat in einem Interview in Bulletin 2/08, S. 71 ff., von einem «zunehmenden Verfall der Demokratie» gesprochen. Zum einen liegt der Grund dafür in der Terrorismusbekämpfung, zum andern sei zu beobachten, dass Diktatoren versuchten, ihre Macht durch Manipulation demokratischer Prinzipien zu erhalten. Die etablierten Demokratien würden diese Scharaden meist stillschweigend dulden, anstatt darauf zu reagieren. Vgl. weiter GERSBACH, Ernsthaften Politikern sollten Verträge mit dem Volk gelegen kommen, NZZ vom 25./26.8.2008, S. 29. Von den Autoren der vorliegenden Schrift wird die Ansicht vertreten, dass ein sorgfältiger und langfristig orientierter Anleger nicht nur daran Interesse hat, ob ein Land in der Gegenwart funktioniert, sondern dass eine Länderbeurteilung auch davon abhängt, ob es eine legitimierte Art von Regierungswechseln gibt und einen Schutz vor staatlicher Willkür. Ein Korrektiv zur staatlichen Machtausübung muss gegeben sein:

rechte bilden Grundpfeiler; wichtig ist z.B. weiter die Verlässlichkeit der anderen Marktteilnehmer.[27] Das Recht ist «immer konservativ, weil es durch seine Regelungen festhält, was gilt, bis es selbst wieder abgeändert wird. Daran knüpft die *Vorhersehbarkeit und Berechenbarkeit* des Rechts an; es schafft Erwartungssicherheit in den Beziehungen zwischen den Menschen und zum Staat.»[28]

14 Es wird aber auch – aufgrund der sog. «experimentierenden Staatstätigkeit», welche in China beobachtet wird – eine Meinung vertreten, dass staatliche Politik unter den Bedingungen des Wandels in Gesellschaft, Wirtschaft und Technologie «sehr viel mehr Raum zur gezielten Erprobung neuartiger Regelungs- und Gestaltungsansätze bieten» muss als bisher.[29] Die Zeiten, in denen «der Westen» als selbstverständliches Leitmodell galt, seien mit diesem Jahrzehnt vorbei, auch wenn dies von selbstgefälligen Europäern verdrängt wird. Es steht die Forderung im Raum, dass die Aufgabe wahrzunehmen ist, die Innovations-, Gestaltungs- und Leistungsfähigkeit des demokratischen Verfassungsstaates unter den veränderten Bedingungen des 21. Jahrhunderts neu zu begründen.[30]

Auch ein amerikanischer Präsident kann nicht einfach machen, was er will (siehe Watergate und Nixon). Für REICH (S. 4) ist Demokratie «a system for accomplishing what can only be achieved by citizens joining together with other citizens.» REICH vertritt weiter die These, dass die wachsende Bedeutung von Corporate Responsibility in Zusammenhang steht mit einem schwindenden Vertrauen in die Demokratie (S. 169).

27 Vgl. SENN, Stabilität kann kein Luxus sein, Clarity, Frühling 2008, S. 32.

28 RHINOW, Politische Funktionen des Rechts, S. 192.

29 HEILMANN, Die Volksrepublik China als lernendes autoritäres System, NZZ vom 28./29.6.2008, S. 29.

30 Vgl. HEILMANN, Die Volksrepublik China als lernendes autoritäres System, NZZ vom 28./29.6.2008, S. 29.

15 Generell setzt politische Unsicherheit dem Investitionsklima zu, weil sie eine Vertrauenskrise erzeugt.[31] So wird denn in Bezug auf die Schweiz die Stabilität in den Bereichen Sicherheit, Privateigentum, Gesellschaft und Politik als vorteilhaftes Umfeld für ausländische Investitionen genannt.[32] International einen wichtigen Themenbereich bildet die Frage nach der Bedeutung der *rule of law* speziell im Bereich der Wirtschaft.[33]

16 Es bestehen zwei Definitionen zur *rule of law*, welche sehr unterschiedlich sind: eine umfassende («*thick*») und eine leichte («*thin*»). Unter Verweis auf die aktuelle Diskussion werden diese Umschreibungen wie folgt zusammengefasst:

«Thick definitions treat the rule of law as the core of a just society. In this version, the concept is inextricably linked to liberty and democracy. Its adherents say a country can be spoken of as being ruled by law only if the state's power is constrained and if basic freedoms, such as those of speech and association, are guaranteed. (...) Thin definitions are more formal. The important things, on this account, are not democracy and morality but property rights and the efficient administration of justice. Laws must provide stability. They do not necessarily have to be moral or to promote human rights.»[34]

---

[31] Vgl. z.B. NZZ vom 5.7.2007, S. 25 (Thailand leidet unter Investitionsflaute, Politische Unsicherheit als Hauptursache).

[32] Vgl. LINDER/MÜLLER, Steuerliche Anreize für Forschung und Entwicklung, ST 2008, S. 153. Siehe weiter MOECKLI, Politische Stabilität als Rahmenbedingung für den Wirtschaftsstandort Schweiz, S. 10, der ausführt, dass ein Wirtschaftsstandort am Attraktivsten ist, wenn Stabilität und Demokratie gegeben sind. Denn die Stabilität der Demokratie basiere auf dauerhaften Institutionen, während die Stabilität von autoritären Staaten meist an einzelne Personen oder Personengruppen gebunden sei.

[33] Ausführlich dazu The Economist vom 15.3.2008, S. 83–85 (Order in the jungle).

[34] The Economist vom 15.3.2008, S. 84 (Order in the jungle).

17 NOBEL weist darauf hin, dass das Recht gegenüber Reputationsfragen etwas hilflos sei, «wenn es sich nicht nach vorne orientiert und sich abzeichnende Entwicklungen ins Kalkül einbezieht.»[35] Da Reputation als Spiegel der Unternehmenskultur auf Basis ihrer Unternehmenswerte angesehen werden kann, ist eine Good Corporate Governance von zentraler Bedeutung für die Finanzintermediäre.[36] Es wird in der Literatur gefragt: «Wenn eine rechtliche Regulierung von Märkten ohne die selbstregulierende Kraft der Reputation nicht auskommt, wie viel Recht braucht die Reputation?»[37]

18 Sind es die Produkte, welche sich den idealen Ort suchen und folgen dann die Kunden? Oder sind die Kunden da und es kommen dann die Produkte? Gibt es «Dienstleistungs-Cluster», wie es angesichts ihrer Vernetzung und wechselseitigen Rückkoppelung Normen-Cluster[38] gibt. Dass letztlich die Kundenzufriedenheit insgesamt *der* ausschlaggebende Grund für die Internationalisierung ist, ergab eine Studie der Universität St. Gallen.

35 NOBEL, Corporate Governance bei Finanzdienstleistern, PRIVATE 1/2008, S. 55.

36 VON DER CRONE spricht von «Reputation als Corporate-Governance-Konzept der Zukunft». Vgl. ROTH, To do the right things right – Compliance als Weiterentwicklung und Fortführung des Qualitätsmanagement, S. 116, mit Hinweis auf VON DER CRONE, Corporate Governance und Reputation, NZZ vom 27./28.1.2001, S. 29.

37 DÉDEYAN, Die rechtliche Konstruktion der Reputation, S. 4.

38 KILGUS, Effektivität von Regulierung im Finanzmarktrecht, Rz 16 S. 8.

Tätigkeitsgebiet	Befragte	Prozent
Compliance	65	43.05
Andere	23	15.23
Private Banking	11	7.28
Rechtsberatung	11	7.28
Riskmanagement	7	4.64
Staatliche Aufsicht/Institution	7	4.64
Forschung/Hochschule	5	3.31
Revisionsunternehmen	5	3.31
Retail Banking	4	2.65
Vermögensverwaltung	3	1.99
Versicherungen	3	1.99
Alternative Finanzanlagen	2	1.32
Unternehmensberatung	2	1.32
Fondsverwaltung	1	0.66
Investment Banking	1	0.66
Private Equity	1	0.66

Abb. 1: Gründe der Internationalisierung[39]

19 In dieser St. Galler Studie wird weiter untersucht, was eine gute interne (Selbst-)Regulierung und deren tatsächliche und transparente Umsetzung den einzelnen Unternehmen bringt. Wie bei der Regulierung insgesamt ist das Enforcement ein wichtiger Aspekt; sonst bleibt diese (Selbst-)Regulierung toter Buchstabe. Der dem angelsächsischen Sprachbereich entstammende Begriff bedeutet Durchsetzung, Erzwingung oder Vollstreckung von Normen. Fachkompetenz, Durchsetzungsfähigkeit, Unabhängigkeit, Effizienz und Verfahrenssicherheit (Rechtsstaatlichkeit) sind Hauptfaktoren, die ein gutes Enforcement auszeichnen. Die Behörde soll mit anderen

[39] Grafik aus NZZ vom 6.2.2008, S. 23.

Worten nicht nur bellen, sondern auch zubeissen.[40] Das hat präventive Wirkung, weil potentielle Täter abgeschreckt und Missbräuche so verhindert werden können.

20 Im Vordergrund steht die Wahrnehmung in der Praxis. Um diese zu erforschen, wurden insgesamt 350 im Finanzbereich tätige oder an diesem als Wissenschaftler, Politiker oder Verbandsvertreter interessierte Personen kontaktiert, wovon 151 die Online-Umfrage vollständig beantwortet haben: Dies entspricht einer Rücklaufquote von 43%.

Der empirische Teil soll insbesondere zeigen, wie die Zusammenhänge gesehen und wie ihr Einfluss auf den Standortwettbewerb bewertet werden. Und zwar nicht aus der Sicht des Regulators, sondern aus der Sicht der Branche.[41]

21 Nicht nur aufsichtsrechtliche Dimensionen interessieren, sondern weitere Bereiche, insbesondere das Steuerrecht.[42] Das Aufsichtsrecht wird – wie andere Bereiche der Wirtschaft auch[43] – mehr und mehr von internationalen Entwicklungen und Standards getrieben, sodass hier eine Angleichung zu verzeichnen ist, welche nicht mehr nach eigenem Gutdünken

---

[40] Vgl. zur Erforcement-Strategie der EBK den Jahresbericht 2007, S. 76 ff. Sehr kritisch zur Selbstregulierung der Banken und zur Rolle der Aufsicht der Präsident der Schweizerischen Nationalbank, JEAN-PIERRE ROTH, im Interview in: Handelszeitung vom 28.5.–3.6.2008, S. 7 (Selbstregulation genügt nicht mehr). Er spricht den Banken im Moment den Selbstregulierungsappetit ab und fordert eine griffigere Bankenaufsicht.

[41] Zum Vorgehen und zu den Auswertungen vgl. hinten Teil II.

[42] Es geht um die Fragen, die sich grundsätzlich aus folgendem Satz ergeben: «Wir wollen keine Steuer erheben, die dazu führt, dass das entsprechende Geschäft verschwindet und wir dann gar nichts mehr haben» (Bundesrat KASPAR VILLIGER im Interview mit der FuW vom 20.11.1999, S. 25–26).

[43] Z.B. der Energiesektor oder die Telekommunikationsbranche; vgl. FT vom 10.7.2007, S. 9 (Standard bearer, How the European Union exports its laws) oder HAUCAP/KÜHLING, Bessere Regulierung für Europa, FAZ vom 13.10.2007, S. 13.

der Schweiz gestaltet werden kann.[44] Mit dieser Angleichung schwindet möglicherweise ein Aspekt der Kompetitivität.[45] Diese muss anderswo gesucht werden. Im Zuge der Diskussionen um die Bewältigung der Subprime-Krise sind Äusserungen wie die nachstehende gefallen: «In Zukunft darf man es keinem Land mehr durchgehen lassen, internationale Empfehlungen nicht zu beachten.»[46]

22 Steuerliche Rahmenbedingungen können nur mit politischem Rückhalt gestaltet und verändert werden. Sie bilden im Rahmen der im September 2007 vorgestellten langfristigen Strategie für den Finanzplatz Schweiz einen wichtigen Aspekt.[47]

23 In der allgemeinen öffentlichen Wahrnehmung stellt es sich so dar, dass andere Finanzplätze wie Singapur, London oder Luxemburg in ihrer Entwicklung vom Staat viel stärker ge-

---

44 Vgl. dazu ROTH, Soft Law – Ordnungsvisionen in flux, insb. S. 61 ff., sowie EIDGENÖSSISCHES FINANZDEPARTEMENT, Finanzplatz und Finanzmarktpolitik Schweiz, S. 3. HOFMANN, Nationalstaat, zerfasert, DIE ZEIT vom 13.7.2006, S. 6 sowie SWISS FINANCIAL CENTER WATCH, Portrait des Finanzplatzes Schweiz, Schlussbericht 2007, S. 168.

45 Zur Gratwanderung zwischen Eigenständigkeit und Nachvollzug hat sich Bundesrat HANS-RUDOLF MERZ 2005 wie folgt geäussert (Denaris 3/2005, S. 13): «Wir müssen anerkennen, dass das Tempo und die Inhalte der Regulierung nicht im alleinigen Ermessen der Schweizer Behörden liegen. Als international stark verflochtener Finanzplatz muss sich die Schweiz zwangsläufig mit den regulatorischen Entwicklungen in den wichtigsten Partnerstaaten auseinandersetzen. Dabei gilt es, den Marktzutritt für Schweizer Unternehmen im Ausland bestmöglich sicherzustellen. (...) Die Schweiz kann auch die Chancen nutzen, welche eine bewusste regulatorische Unterscheidung mit sich bringt. Eine solche Möglichkeit bietet sich vor allem gegenüber dem EU-Binnenmarktrecht. Mir scheint aber eine zu starke Differenzierung dort wenig standortfördernd, wo die grenzüberschreitenden Geschäfte intensiv sind.»

46 JOCHEN SANIO im Interview in: DIE ZEIT vom 10.4.2008, S. 32 («Das ist ein Brandbeschleuniger»).

47 Vgl. etwa NZZ vom 3.1.2008, SB 19 (Fitnesskur und Krafttraining für den Finanzplatz Schweiz).

tragen werden als dies in der Schweiz der Fall ist.[48] Dies kann sich darin äussern, dass gewisse Regulierungen unterbleiben[49] oder das Enforcement der Regulierung weniger umgesetzt wird.[50] Singapur hofft, zur Schweiz Asiens zu werden.[51]

24 Das Mission Statement der Monetary Authority of Singapore (MAS) ist «to promote sustained and non-inflationary economic growth, and a sound and progressive financial services sector.»[52] Um diesem Pflichtenheft zu genügen, arbeitet die Behörde mit der Finanzindustrie zusammen, um Singapur als internationales Finanzzentrum zu etablieren.[53] Der zweite Satzteil des Mission Statement umschreibt den aufsichtsbezogenen Teil des Mandats der MAS, welchen sie durch Regulie-

---

48 Vgl. u.a. FuW vom 15.9.2007 S. 23 (Lobby in Bern fehlt) sowie NZZ vom 29.1.2008, S. 21 (Briten wollen Bankenregulierung stärken, Mit Reformen den Ruf des Finanzplatzes reparieren). MÖSCHEL, Der Wettbewerb hat keine Lobby, NZZ vom 26./27.3.2005, S. 29. NZZ vom 8./9.3.2008. S. 33 (Trügerischer Bonus für den Finanzplatz Singapur). ROHNER, Die beste Aufsicht für den besten Finanzplatz, Handelszeitung vom 10.-16.10.2007, S. 23. Vgl. ferner für Luxemburg VAUTRAVERS, Luxemburgs Fondsbranche zieht davon, NZZ vom 30.1.2008, S. 70, sowie derselbe, Ein grosser Finanzplatz in einem kleinen Land, NZZ vom 15.2.2008, S. 28. Die Wertschöpfungs- und Beschäftigungsanteile der Banken in der Schweiz sind mit rund 12,5% und 3,5% weit höher als in Grossbritannien und den USA. Nur in Luxemburg (26%) und Liechtenstein (18%) spielen die Banken eine wichtigere Rolle als in der Schweiz, wenn man die Wertschöpfungsanteile betrachtet (Quelle: SWISS FINANCIAL CENTER WATCH, Portrait des Finanzplatzes Schweiz, Schlussbericht 2007, S. 6 f.). SELL, A special report on financial centres, The Economist vom 15.9.2007, S. 3 f. und S. 14.

49 Vgl. International Herald Tribune vom 4.4.2008, S. 11 (To regulator, Bear was doing fine).

50 Vgl. FT vom 21.1.2008, S. 9 (‹Regulation-lite› belongs to a different age): «Given the hidden costs of insider trading, perhaps the time has come for the UK to take enforcement more seriously».

51 Vgl. NIEDERBERGER, Das Verfallsdatum des Bankgeheimnisses naht, TA vom 23.6.2008, S. 9.

52 CHIA, Objectives and Principles of Financial Supervision in Singapore, S. 44.

53 Vgl. CHIA, Objectives and Principles of Financial Supervision in Singapore, S. 44.

rung und die eigentliche Beaufsichtigung der unterstellten Institute wahrnimmt.[54]

25 Im Jahre 1997 nahm die MAS eine strategische Überprüfung ihrer Haltung zur Entwicklung des Finanzbereichs vor mit dem Resultat, dass sich ergab «the need for a more dynamic, competitive and innovative environment for financial institutions in Singapore.»[55] «Over the next few years, we fundamentally changed our regulatory approach, from one-size-fits-all prescriptive regulation towards a more risk-focused supervisory approach. The reforms have helped promote greater competition, efficiency and growth in the financial sector without compromising the safety and soundness of institutions or the resilience and stability of the system.»[56]

26 Die MAS charakterisiert ihren Aufsichts-Approach als «risk-focused, stakeholder-reliant, disclosure-based and business-friendly.»[57] Sie lässt sich bei ihrer Arbeit von 12 Prinzipien leiten.[58] Principle 11 lautet: «Give due regard to competitiveness, business efficiency and innovation.»[59] Dazu wird ausgeführt: «MAS seeks to undertake supervision in a way that does not unnecessarily impair the competitiveness and dynamism of individual institutions and Singapore's financial services sector. We take into account the business and operational concerns of the institutions and industry, so as not to hin-

[54] Vgl. CHIA, Objectives and Principles of Financial Supervision in Singapore, S. 44.
[55] Vgl. CHIA, Objectives and Principles of Financial Supervision in Singapore, S. 46.
[56] CHIA, Objectives and Principles of Financial Supervision in Singapore, S. 46.
[57] CHIA, Objectives and Principles of Financial Supervision in Singapore, S. 50.
[58] Vgl. CHIA, Objectives and Principles of Financial Supervision in Singapore, S. 50.
[59] CHIA, Objectives and Principles of Financial Supervision in Singapore, S. 55.

der growth and innovation as long as the risks are adequately managed. In our dealings with institutions, we seek to be professional and to respond to their requests in a timely manner.»[60]

27 Mit der vorliegenden Publikation soll eine Grundlage geschaffen werden für künftige Diskussionen und Vorhaben in Zusammenhang mit der weiteren Entwicklung des Finanzplatzes Schweiz insgesamt. Ebenso soll den einzelnen Unternehmen eine Diskussionsbasis im Hinblick auf interne Regulierungen zur Verfügung gestellt werden.

[60] CHIA, Objectives and Principles of Financial Supervision in Singapore, S. 55.

2. BEGRIFFLICHES

28 Eine Abgrenzung der oft synonym verwendeten Begriffe Reputation, Prestige, Ruf, Image und Marke/*brand* erweist sich als angezeigt.[61] Auch der Begriff der Ehre spielt in diesem Kontext und vor allem in Bezug auf den Ruf eine Rolle.

29 Ehre soll hier nur kurz mit Blick auf die strafrechtliche Umschreibung erwähnt werden: Ehre ist der Ruf oder das Gefühl, ein sozial vollwertiger, d.h. charakterlich anständiger, geistig/seelisch gesunder, seine wichtigsten sozialen Aufgaben und Funktionen gehörig erfüllender Mensch zu sein.[62] Alle Angriffe auf die Ehre, die sich im Lichte der Realitäten des Lebens und der Gesellschaft als strafwürdig erweisen, lassen sich auf den gemeinsamen Nenner eines Angriffs auf den gesellschaftlich-sozialen Vollwert der Persönlichkeit zurückführen.

2.1 Reputation

30 «Reputation» soll im Folgenden verstanden werden als «das öffentliche Ansehen, das eine Person, Institution, Organisation oder allgemeiner ein (Kollektiv-)Subjekt mittel- oder langfristig geniesst und das aus der Diffusion von Prestigeinformation an unbekannte Dritte über den Geltungsbereich

---

[61] Die Autoren der Studie danken an dieser Stelle Herrn Dr. Alfred Raucheisen, Institut für Kommunikation und Marketing IKM, Hochschule Luzern (Wirtschaft) für seine wertvolle Unterstützung.

[62] Vgl. BÖSIGER, Der Ehrbegriff im Schweizerischen Strafrecht, S. 83.

persönlicher Sozialnetze hinaus resultiert.»[63] Es wird auch von «angespartem Goodwill» gesprochen.[64]

31 Ein Unternehmen hat «dann einen guten Ruf, wenn es profitabel wirtschaftet und gleichzeitig gesellschaftliche Werte berücksichtigt.»[65] Um den guten Ruf wirklich und ganz zu besitzen, muss noch weiteres folgen, nämlich, dass das Unternehmen bzw. seine Exponenten sich eindeutig abheben und eine unverwechselbare Identität aufweisen.[66]

32 Der Aufbau (und Erhalt) eines guten Rufes folgt heute einer Logik, welche sich aus zwei elementaren Reputationstypen ableitet: Aus der funktionalen Reputation, welche Personen und Organisationen an Leistungszielen misst, und aus der Sozialreputation. Letztere fokussiert sich auf die Frage, inwieweit Akteure moralisch integer sind und handeln.[67]

33 Die funktionale Reputation wird von EISENEGGER/IMHOF als «objektive Welt des Wahren» bezeichnet.[68] «Die Akteure werden danach beurteilt, ob sie in der Erreichung bestimmter Zwecke erfolgreich sind bzw. ob sie zur Zweckerreichung die adäquaten Mittel ergreifen.»[69]

34 Die soziale Reputation wird von EISENEGGER/IMHOF als «normative Welt des ‹Guten› » umschrieben. Die Frage wird

[63] EISENEGGER, Reputation in der Mediengesellschaft, S. 24 f.
[64] BAUHOFER, Reputation Management, S. 12.
[65] EISENEGGER, Vom Vorteil, die Nummer zwei zu sein, io new management Nr. 3/2006, S. 16.
[66] Vgl. EISENEGGER, Vom Vorteil, die Nummer zwei zu sein, io new management Nr. 3/2006, S. 16.
[67] Vgl. EISENEGGER, Vom Vorteil, die Nummer zwei zu sein, io new management Nr. 3/2006, S. 15 ff.
[68] EISENEGGER/IMHOF, Das Wahre, das Gute und das Schöne: Reputations-Management in der Mediengesellschaft, S. 3.
[69] EISENEGGER/IMHOF, Das Wahre, das Gute und das Schöne: Reputations-Management in der Mediengesellschaft, S. 3.

gestellt, ob und inwieweit das Handeln der Reputationsträger legitim erscheint.[70]

35 Schliesslich kommt noch die expressive Reputation dazu. EISENEGGER/IMHOF nennen sie auch «subjektive Welt des Schönen.»[71] Auf diese Dimension wird nicht eingegangen.

36 Zusammenfassend stellen sich funktionale, soziale und expressive Reputation wie folgt dar:

	Funktionale Reputation	**Soziale Reputation**	**Expressive Reputation**
Reputations-Bezug (Bezugswelt)	*Objektive Aussenwelt* leistungsbasierter Funktionssysteme; Welt kognitiv beschreibbarer Ursache-Wirkungs-relationen	*Soziale Aussenwelt* moralischer und normativer Standards	*Subjektive Innenwelt* individueller Wesenheit und Identität
Reputations-Indikatoren	Kompetenz, Erfolg	Integrität, Sozialverantwortlich-keit, Legitimität	Attraktivität, Einzigartigkeit, Authentizität
Bewertungs-stil	kognitiv-rational (Kennzahlen)	normativ-moralisierend	emotional
Reputations-Intermediäre	Akteure mit einem kognitiven Weltbezug: Experten, Wissenschaftler, Analysten	Akteure mit einem normativen Weltbe-zug: moralische Unternehmer, Intellektuelle, politische Akteure, religiöse Gruppierun-gen, zivilgesellschaftliche Akteure	Akteure mit einem ästhetischen Weltbe-zug: Kommunikations-, Marketing- und Stilberater, Kunstschaffende, Designer, Spin Doctors

Abb. 2: Funktionale, soziale und expressive Reputation[72]

70 EISENEGGER/IMHOF, Das Wahre, das Gute und das Schöne: Reputations-Management in der Mediengesellschaft, S. 4.

71 EISENEGGER/IMHOF, Das Wahre, das Gute und das Schöne: Reputations-Management in der Mediengesellschaft, S. 5.

72 Grafik nach EISENEGGER/IMHOF, Das Wahre, das Gute und das Schöne: Reputations-Management in der Mediengesellschaft, S. 6.

37 Insgesamt kann man Reputation «somit als Ruf der *Vertrauenswürdigkeit* bezeichnen.»[73]

2.1.1 Begriffsabgrenzung Prestige, Image, Reputation

38 EISENEGGER stellt die Begriffe Prestige, Image und Reputation einander gegenüber, welche nicht nur im Alltag, sondern auch in der sozialwissenschaftlichen Diskussion semantisch demselben Raum zugeordnet werden, was zur Folge hat, dass sie oft «unreflektiert synonym verwendet»[74] werden. VOSWINKEL bezeichnet das ihnen zugeordnete Handeln auf «Anerkennung» orientiert.[75] Ähnliches (aber nicht gleiches) darf für die Begriffe Marke und Brand gelten, wobei die beiden (wie auch das oben genannte «Image») vornehmlich mit Bezug auf juristische Personen, Sachen, Dienstleistungen oder Produkte Anwendung finden, während Prestige, Ruf und Reputation obendrein natürliche Personen kennzeichnen.

2.1.2 Prestige

39 Prestige (ähnlich verwendet wird auch «Ruf») bezeichnet das soziale Ansehen, das ein Akteur mittelfristig (d.h. nicht nur aufgrund einer bestimmten kurzfristigen Leistung) und über-

[73] EISENEGGER/IMHOF, Das Wahre, das Gute und das Schöne: Reputations-Management in der Mediengesellschaft, S. 6.

[74] EISENEGGER, Reputation in der Mediengesellschaft, S. 19. Siehe auch MÖHRLE, Der ehrbare Kaufmann als Programm, FAZ vom 17.12.2007, S. 20, der davon schreibt, « (...), faires Verhalten zu einer Frage des Prestiges und damit auch zu einem Kennzeichen der Marke zu machen, für die ein Unternehmen steht. In diesem Kontext wird Compliance zu einem hochwertigen, ja strategischen Gut unternehmerischer Reputation». Ein Beispiel für die synonyme Verwendung der Begriffe: TA vom 2.4.2008, S. 23, Interview mit Manuel Ammann («Den guten Ruf der UBS wieder aufzubauen, wird Jahre dauern»); in diesem Gespräch werden Ruf und Image synonym verwendet.

[75] VOSWINKEL, Anerkennung und Reputation, S. 23.

individuell (also bei einer signifikanten Anzahl Menschen) geniesst.[76] Akteure mit hohem Prestige sind in der Regel Gegenstand der Bewunderung und der Nachahmung, sie besitzen hohen sozialen Status und sind Mittelpunkt sozialer Anerkennung.[77] Prestige ist als das soziale Gut zu bezeichnen, das aus der Wertschätzung von Akteuren für ihren spezifischen Beitrag zur Realisierung kollektiv geteilter Ziele und Werte resultiert[78]. Diese Wertschätzung bezeichnet BOURDIEU als symbolisches Kapital, das den Prestigeträger ermächtigt, den Wert gesellschaftlicher Güter zu definieren und die daraus resultierende gesellschaftliche Macht zu legitimieren[79]. Dem Prestigeträger fällt also auch eine normative Kompetenz oder, um mit BOURDIEU zu sprechen, «Macht» zu. Während er weiter betont, dass durch Prestigezuteilung (unterschiedliche Wert- und Geringschätzung) Macht ausgeübt und soziale Differenzierung ermöglicht wird, streicht EISENEGGER heraus, dass dem Begriff neben der Differenzierung gleichermassen die Integration anhängt – aufgrund der gemeinsamen Einigung auf die Kriterien der Anerkennung, der Wertschätzung.[80]

40 EISENEGGER konzipiert die Reputation gegenüber dem Prestige als Begriff, der einen Vermittlungsprozess der Wertschätzung eines Prestigeträgers an unbekannte Dritte voraussetzt[81], also eine vermittelte Anerkennung «zweiter Hand», eine «Second-Hand-Impression»[82], darstellt. Wenn Prestige die unmittelbaren Sozialzusammenhänge verlässt und in die öffentliche Kommunikation übergeht, mutiert es zur Reputation. Der Begriff wird damit für die öffentliche Geltung reserviert.

---

[76] VOGT, Zur Logik der Ehre in der Gegenwartsgesellschaft, S. 65.
[77] EISENEGGER, Reputation in der Mediengesellschaft, S. 19.
[78] VOSWINKEL, Anerkennung und Reputation, S. 45.
[79] BOURDIEU, Vom Gebrauch der Wissenschaft, S. 31 ff.
[80] EISENEGGER, Reputation in der Mediengesellschaft, S. 20 f.
[81] EISENEGGER, Reputation in der Mediengesellschaft, S. 21.
[82] VOSWINKEL, Anerkennung und Reputation, S. 119.

41 Jede Person hat somit im eigenen sozialen Kontaktnetz ein Prestige, doch nicht jede Person kann als reputiert gelten. Von zentraler Bedeutung für den Reputationserwerb sind Strategien zur Erzeugung von öffentlicher Aufmerksamkeit. Reputation ist ein kommunikatives Produkt, bzw. Ergebnis kommunikativer Vermittlungsleistungen und Inszenierungen.[83] Dabei mag die Präsenz eines Akteurs in öffentlichen Diskussionen intendiert sein oder nicht, in beiden Fällen kann sich der jeweilige Akteur den Prozessen und der Logik öffentlicher Reputationskonstitution nicht entziehen: Personen, Organisationen und Institutionen erwerben zwangsläufig Reputation (gute wie schlechte), sofern sie öffentlich handeln (z.B. publizieren) bzw. Objekte öffentlicher Kommunikation darstellen. Die öffentliche Reputation entsteht unabhängig davon, ob ihre Objekte etwas dafür oder dagegen tun (z.B. Dementi oder Paparazzi-Bashing) oder nichts unternehmen. Daher steigt für viele öffentlich handelnde Akteure der Druck, die Reputationsproduktion so zu beeinflussen, dass die Reputation in Form öffentlichen Prestiges dem gewünschten Selbstentwurf möglichst nahe kommt.

2.1.3 Image

42 In der Kommunikationswissenschaft ist das Image ein zentraler Begriff, da an der Konstruktion von Images die Funktion von Public Relations festgemacht wird.[84] Das Begriffspaar Ist- und Soll-Image deutet an, dass Organisationen (und Personen) daran interessiert sind, ihr Image aktiv und zu ihrem Vorteil zu gestalten.[85] Der Begriff Image bezeichnet

[83] EISENEGGER, Reputation in der Mediengesellschaft, S. 22.

[84] MERTEN, Begriff und Funktion von Public Relations, PR-Magazin Nr. 11-1992, S. 43.

[85] Vgl. BENTELE ET AL., Lexikon der Kommunikations- und Medienwissenschaft, S. 94. Vgl. weiter JUNG, Von der Schweizerischen Kreditanstalt zur Credit Suisse Group, Eine Bankengeschichte, S. 235.

das stark vereinfachte, typisierte und mit Erwartungen und Wertvorstellungen verbundene Vorstellungsbild über einen Sachverhalt, ein Objekt, eine Person, eine Organisation oder eine Institution.[86] Im Unterschied zum Prestige kennzeichnet das Image nicht nur Menschen, sondern auch Sachen und Organisationen und ebenso im Unterschied zum Prestige ist es subjektiv, nicht objektiv gewertet.[87] Alle der Wahrnehmung zugänglichen Objekte evozieren zwangsläufig Images.[88] Es ist daher unmöglich, kein Image zu haben, denn jedes Unternehmen, jeder Mensch wird in irgendeiner Form wahrgenommen.[89] Images sind Bilder in den Augen von Bezugsgruppen, die diese sich individuell über die Realität, z.B. an Unternehmen, gebildet haben. Daher kann ein Unternehmen bei den verschiedenen Bezugsgruppen durchaus unterschiedliche Images produziert haben.[90] Im Unterschied zum Image sollte die Identität unter den Bezugsgruppen nicht variieren. Die Identität eines Unternehmens ist die visuelle Manifestation der Unternehmensrealität, z.B. Logos, Gebäude, Produkte, Personen, dazu ihre Verhaltensweisen, Kommunikationsprozesse und das Erscheinungsbild. Beides zusammen, Image und Identität, formen die Reputation.[91]

---

86 Vgl. BENTELE, Images und Medien-Images, S. 154 f. Als Beispiel: Süddeutsche Zeitung vom 2./3.2.2008, S. 23 (No Nokia): «Noch vor wenigen Wochen war Nokia ein angesehenes Unternehmen. Im Imageranking eines Marktforschungsinstituts lag der finnische Handyhersteller auf dem ersten Platz – nun ist er auf den letzten abgestürzt. In einer Umfrage erklärte jeder zweite Bundesbürger, er wolle keine Handys des Unternehmens mehr kaufen. Die SPD hat eine Anti-Nokia-Kampagne gestartet. Und ein Internet-Unternehmer kündigte an, er wolle 50 000 Handys von Nokia sammeln und sie vor dem Werk in Bochum verschrotten. Kein Zweifel: Die Verlagerung des Bochumer Nokia-Werks mit mehr als 2000 Arbeitsplätzen nach Rumänien erregt die Deutschen.»

87 MAST, Unternehmenskommunikation, S. 63.

88 BENTELE, Images und Medien-Images, S. 153.

89 BENTELE ET AL., Lexikon der Kommunikations- und Medienwissenschaft, S. 94.

90 Ein Beispiel dafür ist das Selbstbild und das Fremdbild von Organisationen.

91 MAST, Unternehmenskommunikation, S. 63.

2.1.4 Marken (*brands*)

43 Marken bzw. *brands* sind Vorstellungsbilder in den Köpfen der Konsumenten, die eine Identifikations- und Differenzierungsfunktion übernehmen und das Wahlverhalten der Bezugsgruppen prägen.[92] Eine Marke ist nach merkmalsorientierter Definition ein physisches Kennzeichen für die Herkunft eines Markenartikels.[93] Durch die Markierung erfährt der Konsument, wer der Hersteller bzw. Anbieter eines Produkts oder einer Dienstleistung ist. Darüber hinaus garantiert eine Marke dem Verbraucher u.a. eine konstante oder verbesserte Qualität bei gleich bleibender Menge und Aufmachung (als bestimmende Merkmale) der überall erhältlichen Ware.[94] Damit ist keine rechtliche Garantie gemeint.

44 Eine Marke wird dann geboren, wenn sie ein positives, relevantes und unverwechselbares Image bei den Konsumenten aufbauen kann.[95] Folgerichtig bezeichnet der Werber DAVID OGILVY schon 1951 die Marke als «the consumer's

---

[92] ESCH, Strategie und Technik der Markenführung, S. 23; siehe auch CASH daily vom 3.4.2008, S. 5 (Die Marke UBS hat die Strahlkraft verloren): «Die Erosion der Marke wirkt nicht nur gegen aussen, sondern auch gegen innen. Dies zeigt sich an der sinkenden Loyalität der Mitarbeiter.» Zur Marke Schweiz siehe HARDER, Im Erfolg lauern Gefahren, NZZ vom 3.12.2007, S. 11; er nennt als eines der Erfolgsfelder «*die Psychologie des Vertrauens*, ‹weil Schweizer halten, was sie versprechen› ».

[93] MELLEROWICZ, Markenartikel – Die ökonomischen Gesetze ihrer Preisbildung und Preisbindung, S. 40.

[94] DOMITZLAFF, Die Gewinnung des öffentlichen Vertrauens, S. 37 ff.

[95] WEINBERG, Markenartikel und Markenpolitik, Sp. 2681. Vgl. z.B. die Marke «Swiss banking», NZZ vom 15./16.12.2007, S. 23 (Ein «annus horribilis» für die UBS). Die Frage, ob Swiss Banking eine Standorts- oder Herkunftsbezeichnung ist, beantwortet der Schlussbericht 2007 des SWISS FINANCIAL CENTER WATCH wie folgt (Portrait des Finanzplatzes Schweiz, Schlussbericht 2007, S. 25): Noch bis Anfang der neunziger Jahre war «Swiss Banking» gleichbedeutend mit dem Bankgeschäft am Standort Schweiz. Heute bildet es eher eine Herkunftsbezeichnung und bezieht sich auf das Geschäft der Schweizer Banken und nicht das Bankgeschäft in der Schweiz.

idea of a product».[96] Der vermehrte Gang der Finanzindustrie ins Ausland hat dazu geführt, dass für Schweizer Banken und Versicherungen die Markenstrategie (*Branding*) eine erhöhte Bedeutung erlangt hat. «Früher war der wichtigste Brand das ‹Swiss Banking›. Heute verfügen vor allem die grossen Institute über eigenständige Marken, welche nicht mehr primär auf der ‹Swissness› beruhen.»[97]

45 Nahezu inflationär wird das Wort Marke gebraucht, um eine bestimmte Einstellung von Personen zu Produkten oder Unternehmen zu umschreiben.[98] Hier bewegt sich das Wort Marke in semantische Nähe zum Begriff Image, mit dem es tatsächlich in enger Beziehung steht, denn die Marke fasst in ihren Zeichen und ihrer Struktur das subjektive Image bei den Konsumenten und die objektiven Merkmale des Objekts zusammen.[99] Auf die rechtliche Perspektive der Definition von «Marke» und deren Schutz wird hier nicht eingegangen.

2.2 Reputationsrisiko

46 Reputationsrisiken werden im gegebenen Zusammenhang definiert als Risiken, welche das Image der Finanzintermediäre und somit das Vertrauen in das Unternehmen beeinträchtigen.[100] Für die Schweiz gilt speziell, dass die Banken «mit

---

[96] ESCH, Strategie und Technik der Markenführung, S. 23.

[97] SWISS FINANCIAL CENTER WATCH, Portrait des Finanzplatzes Schweiz, Schlussbericht 2007, S. 26 f.

[98] MAST, Unternehmenskommunikation, S. 65.

[99] BENTELE ET AL., Lexikon der Kommunikations- und Medienwissenschaft, S. 158.

[100] SCHLICHTING, S. 39 unter Hinweis auf den Basler Ausschuss und dessen Umschreibungen von Reputationsrisiken als «die Gefahr, dass negative Publizität über das Geschäftsgebaren und die Geschäftsverbindungen einer Bank, ob zutreffend oder nicht, das Vertrauen in die Integrität des Instituts beeinträchtigt». ROTH, Compliance, Integrität und Regulierung, S. 21 ff.

Seriosität und Solidität zur hohen Reputation und zum Wohlstand der Schweiz beitragen.»[101]

47 Das Reputationsrisiko zeichnet sich dadurch aus, dass von vergangenem auf künftiges Verhalten geschlossen wird und dass Vertrauen viel schneller zerstört als aufgebaut werden kann.[102] Vertrauen bildet für Banken das ganze Kapital[103], denn die hohe Vertrauenswürdigkeit ist nicht nur ein sehr kostbares, sondern ein ebenso sensibles Gut – enttäuschtes Vertrauen ist schlimmer als gar kein Vertrauen.[104] Die Reputation ist wesentlicher Bestandteil und Indikator für die Vertrauenswürdigkeit. Vertrauen erzeugt wiederum Vertrauen.

---

[101] NZZ vom 5./6.4.2008, S. 21 (Industrie-Tugenden für den Finanzsektor).

[102] Vgl. ROTH, Compliance, Integrität und Regulierung, S. 21. So lautet eine Einschätzung von PETER KURER, damals designierter VR-Präsident der UBS in Bezug auf den Reputationsschaden aufgrund der Subprime-Krise: «We shouldn't fool ourselves, we can't pretend that there has been no reputational damage. Experience says it goes away after two or three years» (FT vom 16.4.2008, S. 1, UBS faces three-year fight for reputation). Woher KURER die Zeitachse hat, ist nicht nachvollziehbar. Es gibt diesbezüglich keine allgemeinen Erfahrungswerte; es kommt jeweilen ausschliesslich auf den Einzelfall an. SELL, A special report on financial centres, The Economist vom 15.9.2007, S. 14, fügt dabei illustrativ an, dass «building the confidence of financial markets takes more than new skyscrapers, tax breaks and incentives.»

[103] Vgl. HANK, Es ist immer noch gut gegangen, Frankfurter Allgemeine Sonntagszeitung vom 3.2.2008, S. 48–49. Es ist auch für andere Unternehmen und Bereiche essentiell und wird von TAISCH (Management and Law on Corporate Boards, S. 159) in seinen Folgen so umschrieben: «Low quality or unexpected severe defects of products and services may cause unguided-missile-like class action scenarios and launch comprehensive and repeated media attention confronting the company not only with serious financial consequences but also with a reputation nightmare. Promising strategic initiatives with thrusts in new markets or business segment costly slow down since applicable licensing requirements have not sufficiently been considered or since competition agencies suddenly intend to impose certain restrictions on the new business.» Vgl. ferner GALLAROTTI, Kampf um das Vertrauen der Kunden, NZZ vom 11.12.2007, S. 21.

[104] Vgl. HARDER, Im Erfolg lauern Gefahren, NZZ vom 3.12.2007, S. 11.

48 Verstösse nicht nur gegen rechtliche, sondern auch gegen moralische Grundprinzipien werden heute angesichts der zunehmenden Nulltoleranz von Geschäftspartnern, Politikern und des breiten Publikums[105] zum Reputationsrisiko, und Unternehmen können es sich nicht leisten, ihren guten Ruf zu verlieren.[106] Es sind nicht mehr nur ausgegrenzte anonyme Vermummte, welche ein Unbehagen empfinden, sondern beispielsweise auch erfolgreiche Unternehmer und Politiker.

49 Grundsätzlich ist das Reputationsrisiko je nach Geschäftstätigkeit (Branche), Tätigkeitsbereich (national/international) und *brand* unterschiedlich.[107] Finanzdienstleister sind diesbezüglich speziell exponiert.[108] Die Angst vor Reputationsverlust bildet einen wichtigen Sanktionsmechanismus der Marktwirtschaft und kann präventiv gegen Verfehlungen wirken.

50 Diese Angst kann dazu führen, dass jemand auf seine Rechte verzichtet: So ist ein Fall bekannt geworden, in welchem gegen einen in exponierter Stellung arbeitenden Staatsangestellten ein Strafbefehl wegen privater Urkundendelikte erging. Er hatte die Vorwürfe stets bestritten. Er verzichtete auf eine Einsprache, denn diese hätte zu einem Verfahren vor dem Strafgericht geführt und dieses Verfahren wäre öffentlich gewesen. Möglicherweise wären Vertreter der Medien anwesend gewesen und hätten über den Fall berichtet. Er nahm daher die verhängte Strafe auf sich, obwohl er nach wie vor davon überzeugt war, dass er nichts Widerrechtliches

---

[105] FORSTMOSER, Corporate Responsibility und Reputation – zwei Schlüsselbegriffe an der Schnittstelle von Recht, Wirtschaft und Gesellschaft, S. 202, spricht vom «Wachhund *public eye*».

[106] Relativierend BERNET, Schweizerische Finanzplatzpolitik und Finanzplatzstrategie, S. 277, welcher festhält, dass ethisch-moralische Aspekte im globalen Finanzmarkt zumindest *vordergründig* eine wichtige Rolle spielten (Hervorhebung durch die Autoren).

[107] ROTH, Compliance, Integrität und Regulierung, S. 22.

[108] Vgl. FAZ vom 16./17.2.2008 C 1 (Wenn der Staatsanwalt klingelt).

getan hatte. Denn bekanntermassen ist ein Gerichtsurteil sehr schlimm; noch schlimmer ist eines, das bekannt wird.

51 Im Diamantenhandel in Midtown-Manhattan gehen die wertvollen Steine bis heute unkontrolliert von Hand zu Hand, weil das Vertrauen innerhalb der orthodox-jüdischen Händler eine solche Prüfung nicht nötig hat. Jede Täuschung würde sofort sanktioniert und diesem Risiko will sich keiner aussetzen.[109] Man könnte von einer «Schamstrafe» sprechen, die nicht abhängig ist von einer rechtlichen Beurteilung eines Sachverhalts. So ist Gier von Rechts wegen grundsätzlich nicht strafbar, sie wird über den Faktor «Ruf» sanktioniert: Die Akteure sollen sich über ihre eigene Unverschämtheit schämen.

2.3 Reputation im Finanzbereich

52 Reputation ist «ein strategisch essentieller Faktor, der Reputationsverlust ein strategisches Risiko.»[110] Dies gilt grundsätzlich für die Wirtschaft insgesamt.

53 Der Finanzbereich[111] spielt insofern eine Sonderrolle, weil vom Einzelfall sofort auf das System[112] geschlossen wird.

[109] Vgl. HANK, Es ist immer noch gut gegangen, Frankfurter Allgemeine Sonntagszeitung vom 3.2.2008, S. 48 f.; The Economist vom 1.3.2008, S. 76 (Shame fills a vacuum in China's financial law enforcement).

[110] FORSTMOSER, Corporate Responsibility und Reputation – zwei Schlüsselbegriffe an der Schnittstelle von Recht, Wirtschaft und Gesellschaft, S. 205.

[111] Die Geldwäschereiverordnung der EBK (GwV-EBK) macht in Art. 9 Abs. 1 Finanzintermediäre nach Art. 2 Abs. 2 lit. a, b und d GwG mit Zweigniederlassungen im Ausland oder Leitung einer Finanzgruppe mit ausländischen Gesellschaften für die globale Überwachung der «Rechts- und Reputationsrisiken» verantwortlich. Im Unterschied dazu spricht die EBK in ihrem Rundschreiben 99/2 Auslagerung von Geschäftsbereichen (Outsourcing), welches die Voraussetzungen umschreibt, unter denen Outsourcing-Lösungen den Erfordernissen einer angemessenen Organisation, des Bankgeheimnisses und des Datenschutzes entsprechen, in ihrer De-

Dieses systemische Risiko lässt sich prägnant so wiedergeben: «Wenn ein Krawattenfabrikant in Konkurs geht und verschwindet, freuen sich alle anderen Krawattenfabrikanten. Der Konkurs eines Kreditinstitutes hingegen ist des Vertrauensverlustes wegen nachteilig für alle anderen.»[113] Die Krise der UBS kann den anderen Akteuren des Finanzplatzes Schweiz, welche von Kundenabgängen bei der Grossbank profitieren, nicht wirklich Freude machen, denn es ist die ganze Branche betroffen vom Misstrauen und von der Regulierung, die den Ereignissen folgen wird.[114]

54 Weiter ergibt sich eine spezielle Situation bei den Akteuren der Finanzbranche, welche prudentiell beaufsichtigt werden. Die Frage nämlich, was eine effiziente Aufsicht für Finanzinstitute bedeutet, wird dahingehend beantwortet, dass sie den Finanzplatz stärken wird.[115]

---

finition von «wesentlichen Dienstleistungen», wenn sie sich insbesondere auf die Erfassung, Begrenzung und Überwachung von Markt-, Kredit-, Ausfall-, Abwicklungs-, Liquiditäts-, operationellen und rechtlichen sowie «Imagerisiken» auswirken, von Image und nicht von Reputation.

[112] Das Finanzsystem, das Rechts- und das Aufsichtssystem.

[113] WILHELM RÖPKE, zitiert bei TREICHL, Fast ein Jahrhundert, Erinnerungen, S. 257. Die FT schreibt zum Fall Société Générale und dem Händler Jérôme Kerviel vom «knock-on effect of scandal» (Ausgabe vom 28.1.2008, S. 14). Der Präsident der Bundesanstalt für Finanzdienstleistungsaufsicht (BaFin), JOCHEN SANIO, äussert sich zu diesem Fragenkreis wie folgt: «Eine Bank, die im Wettbewerb gescheitert ist, muss aus dem Markt ausscheiden. Eine offene Insolvenz aber, so disziplinierend sie auch auf andere wirken mag, kann schnell eine nationale Vertrauenskrise auslösen, die verheerende Folgen hätte.» («Das ist ein Brandbeschleuniger», Interview mit JOCHEN SANIO, in: DIE ZEIT vom 10.4.2008, S. 32).

[114] Dennoch kann nicht immer davon ausgegangen werden, dass das, was für das einzelne Institut optimal ist, auch dasjenige ist, was aus kollektiver Sicht das Beste ist; siehe dazu BIETA/KIRCHHOFF/MILDE, Geschäftsbanken in Gefangenschaft, NZZ vom 5./6.4.2008, S. 31.

[115] So die Pressemitteilung der Kommission für Wirtschaft und Abgaben des Nationalrates vom 31.10.2006 in Zusammenhang mit der Diskussion um die integrierte Finanzmarktaufsicht. Die EXPERTENKOMMISSION ZIMMERLI hat im Juli 2003 im 1. Teilbericht ‹Integrierte Finanzmarktaufsicht› den Ausdruck «prudentielle Aufsicht» als Sammelbegriff umschrieben «für das Instru-

55 Es kann festgestellt werden, dass – beschleunigt durch die moderne Informationstechnologie – formelle Regeln durch eine Steuerung über Reputationsmechanismen und Öffentlichkeit ersetzt werden. Es handelt sich um eine informelle Kontrolle des Tuns und Lassens, um eine Art Sozialkontrolle. Die Öffentlichkeit ist vertreten durch die stark in den Sektoren der Wirtschaft präsenten Medien. Diese haben in den letzten Jahren die öffentliche Berichterstattung in diesem Bereich stark ausgeweitet.[116] Im Gegenzug wurden auf Seiten der Unternehmen Ressourcen aufgebaut, um dieser Entwicklung Rechnung zu tragen. Im Jahre 1977 beim «Fall Chiasso» der SKA gab es bei dieser Bank noch keine PR-Plattform.[117] Erst 1978 schuf die SKA eine Presse-Stelle.[118]

56 Die Medien sind ein wichtiges Instrument der «*name and shame*»-Politik. Sie werden zwecks Prägung der öffentlichen Meinung und als Zwangsmittel zur Veränderung eingesetzt. Ihre Hebelwirkung ist nicht zu unterschätzen, allerdings oftmals nur im Sinne des Opportunismus. Man «tut nicht» und unterwirft sich Verhaltensregeln, weil der Pranger droht.[119]

57 Gemeinsam ist den Wirtschaftsakteuren das Bestreben nach «Prävention» eines «Reputationsschadens», das Suchen nach

mentarium in einem Aufsichtssystem, das die Solvenz der beaufsichtigten Institute sowie die Stabilität des Finanzsystems gewährleisten soll. Die umfassende Aufsicht beruht dabei auf den Pfeilern einer Bewilligungspflicht einer bestimmten Tätigkeit und der laufenden Überwachung der Bewilligungsvoraussetzungen und weiteren regulierten Sachverhalten» (S. 720).

[116] Vgl. dazu FORSTMOSER, Von der Schildkröte zum Hasen – Beschleunigung im schweizerischen Gesetzgebungsverfahren, S. 171.

[117] Vgl. JUNG, S. 257.

[118] Vgl. JUNG, S. 279.

[119] Vgl. ROTH, Compliance, Integrität und Regulierung, S. 30. An den Pranger oder Schandpfahl wurde bis in die Neuzeit gestellt, wer gegen bestimmte Gebote des Rechts verstossen hatte. Auf dem Markt oder vor dem Rathaus wurde der Kopf des Verurteilten durch eine Aussparung hindurchgesteckt und der Verurteilte so der Beschimpfung, dem Angespuckt-werden und der Scham preisgegeben.

einem systematischen Ansatz der Logik von Reputationsgewinn, deren Beibehaltung, Ausbau und Verhinderung des Verlustes. Ein erfolgreiches Konzept kann dabei nur ein Präventives sein. Dabei geht es um ein Konzept für den Finanzplatz als Ganzes, aber auch für das einzelne Unternehmen. Es erstreckt sich selbstverständlich zunächst auf die gemäss Gesetz zu respektierenden Vorschriften, Gebote und Verbote, muss aber weiter sich mit Fragen der Werthaltigkeit des Verhaltens, mit ethischen Aspekten und grundsätzlichen Dimensionen wie etwa Respekt, Anstand und Fairness sowie der Legitimität unternehmerischen Handelns insgesamt auseinandersetzen.[120] Ein Versagen im Bereich der Integrität kann heute katastrophale Wirkungen nach sich ziehen und zum Verschwinden von Unternehmen führen.[121]

58 Diese Werte werden von den einzelnen Unternehmen intern formuliert, vermittelt und kommuniziert werden müssen, weil ein wertebezogener Minimalkonsens bestehen muss über das, was man tut oder unterlässt.[122] Es darf nicht davon ausgegangen werden, dass die massgeschneiderten Wert- und Gerechtigkeitsideale der einzelnen Mitarbeitenden ausreichen. Eine «Eigentlich-ist-alles-soso»-Haltung[123] wird der unternehmerischen Verantwortung nicht gerecht.

2.4 Prävention und Schaden

59 Der Begriff «Prävention» (von lateinisch *praevenire* = zuvorkommen, verhüten) wird in vielen gesellschaftlichen Berei-

[120] Vgl. dazu NEGA-LEDERMANN, Finanzplatz – die andere Vision, FuW vom 5.3.2008, S. 1.

[121] Vgl. HEINEMAN, Avoiding Integrity Land Mines, HBR April 2007, S. 100 f.

[122] Vgl. auch DÖNHOFF, Zivilisiert den Kapitalismus, Rede gehalten 1996 in Dresden, leicht gekürzt wiedergegeben in: DIE ZEIT vom 28.2.2008, S. 22.

[123] Nach Theodor Fontanes Gedicht ‹Ja, das möcht' ich noch erleben›.

chen verwendet. Die verschiedenen Präventionsbegriffe werden innerhalb der jeweiligen Felder zudem kontrovers und unterschiedlich behandelt und verstanden.[124]

60 Allgemein wird unter Prävention eine Handlung verstanden, die einer Gefahr vorbeugen soll. Im gegebenen Kontext geht es darum, Schwachstellen im Unternehmen zu orten und zu minimieren und so das Unternehmen bzw. dessen Geschäft weniger anfällig zu machen für illegales und illegitimes Verhalten. In einem systemischen Sinn gilt das für ganze Sektoren der Wirtschaft, wie zum Beispiel den Finanzplatz. Der erste Schritt ist dabei ein *risk assessment*.[125]

61 «Schaden» im rechtswissenschaftlichen Sinn ist eine materielle oder ideelle Verschlechterung von Normen, Rechten und/oder Rechtsgütern, die durch ein schädigendes Ereignis entsteht. Der Zustand unmittelbar vor dem schädigenden Ereignis wird mit dem Zustand nach dem schädigenden Ereignis verglichen. Der Unterschied zwischen beiden ist der Schaden.

62 Im ökonomischen Verständnis ist ein Schaden eine durch ein Ereignis, einen Umstand verursachte Beeinträchtigung eines (ökonomischen) Gutes oder eine Wertminderung des ursprünglichen Zustandes einer Sache oder eines Gutes.

---

[124] So spricht die Medizin von Vorbeugen (primäre Prävention), von Früherkennung (sekundäre Prävention) und von Verhinderung der Verschlimmerung bereits bestehender Erkrankungen (tertiäre Prävention). Im Juristischen hat der Begriff die Bedeutung der Vorbeugung gegen künftige Delikte; die Bevölkerung soll über Massnahmen der Kriminalitätsverhütung technisch und verhaltensorientiert beraten werden mit dem Ziel, Straftaten zu verhindern. In der Sozialarbeit wird unter Prävention die Vorbeugung und Verhütung allgemein unerwünschter Verhaltensweisen, Ereignisse, Vorgänge und Folgen verstanden.

[125] Vgl. HEINEMAN, High Performance with High Integrity, S. 39.

3. REGULIERUNGSDICHTE IM FINANZBEREICH

3.1 Aufsichtsrecht

63 Kaum eine Branche sieht sich einer derart rigorosen Regulierung gegenübergestellt, wie die Finanzindustrie. Dabei ist die von BEBENROTH ET AL. gemachte Feststellung wichtig, dass die Bankenregulierung in den meisten Ländern – das gilt auch für die Schweiz – nicht aufgrund einer wissenschaftlich gestalteten Debatte entstanden ist, sondern dass sie das Ergebnis von politischen Prozessen bildet, die zum Teil in Gange kamen, wenn Skandale oder Krisen sich ereigneten.[126] Das zeigt sich nicht zuletzt im Mechanismus, dass in Krisen sofort nach dem Regulator gerufen wird. Zum Teil im Sinne einer angemessenen Reaktion, zum Teil als populistische Aktion.[127]

64 Es gilt für diesen Bereich der Regulierung, was für den gesetzgeberischen Aktivismus im Wirtschaftsrecht der Schweiz insgesamt zutrifft: Das Epizentrum liegt nicht selten

---

126 Vgl. BEBENROTH/DIETRICH/VOLLMER, Bank regulation und supervison in Japan and Germany: A comparison, S. 7; vgl. auch VILLIGER, Mit regulatorischer Hektik ist der Subprime-Krise nicht beizukommen, NZZ vom 1.4.2008, S. 29. So hat sich der für den Finanzbereich zuständige Binnenmarkt-Kommissar Charlie McCreevy dafür ausgesprochen, dass die Rating-Agenturen einer ihrer besonderen Rolle im Finanzmarkt angemessenen Regulierung und einer externen Aufsicht unterstellt werden sollten. Die Selbstregulierung habe sich als zahnloser Tiger erwiesen (vgl. FAZ vom 17.6.2008, S. 11).

127 Vgl. BROST/SCHIERITZ, Jetzt ist Durchblick gefragt, DIE ZEIT vom 7.2.2008, S. 21; NZZ vom 14.3.2008, S. 21 (US-Vorschläge gegen künftige Finanzkrisen); The Economist vom 29.3.2008, S. 17 (The regulators are coming).

in den USA.[128] Weiter sind die Tendenzen in Europa prägend: Als Beispiel sei die Frage der obligatorischen Aufsicht über die Vermögensverwalter genannt, bei der die Schweiz ein nicht-europakompatibles Regime unterhält. Dazu haben ZULAUF/ZIBUNG festgehalten, «mittelfristig, aus Vorsicht sei hier keine Jahresprognose genannt, dürfte die Schweiz eine obligatorische Aufsicht über die Vermögensverwalter einführen.»[129]

65 Regulierung und Aufsicht konnten die Subprime-Krise nicht verhindern. Auslöser, Geschwindigkeit, Ausmass und Dauer der Ereignisse waren für die Akteure überraschend. Entscheidend ist und war der Umgang des Topmanagements mit Risiken: ZUBERBÜHLER nennt Können, Augenmass, Intuition und Glück als Faktoren und bezeichnet den Einfluss der Aufsicht als vernachlässigbar. Allerdings weist ZUBERBÜHLER im Zusammenhang mit der Subprime-Krise darauf hin, dass eben doch ein Einfluss der Aufsicht zu verzeichnen sei. Die vorsichtige EBK-Aufsichtspolitik hat sich in der Krise bewährt: Der sog. Swiss Finish war von Bedeutung, denn die Eigenmittelanforderungen liegen über den internationalen Mindeststandards.[130]

3.2 Einfluss von Soft Law

66 Die Marktteilnehmer werden immer globaler und von einander abhängiger, während die Regulierung zwar national (jedoch bei der Formulierung von Spielregeln für Finanz-

---

[128] Vgl. FORSTMOSER, Wirtschaftsrecht im Wandel.

[129] ZULAUF/ZIBUNG, Aufsichtsregeln zur Vermögensverwaltung in der Schweiz – Status Quo und Ausblick, ZSR 127 (2008) I 38.

[130] Vgl. ZUBERBÜHLER, Finanzkrise und Bankenaufsicht, Handout zum Vortrag, gehalten am 19.6.2008 am IFZ (Kurs 8 DAS Compliance Management).

märkte nicht mehr souverän) bleibt, aber sehr stark nicht zuletzt über Soft Law von internationalen Trends und Standards beeinflusst und gestaltet wird.[131]

67 Soft Law bildet in diesem Sinne für den nationalen Gesetzgeber und für die einzelstaatliche Regulierung einen wichtigen Benchmark. Die damit verbundene Beschränkung der Freiheit in Wahl und Gestaltung der Normen «ist nicht negativ zu werten, denn diese im Dialog zwischen internationalen Organisationen, Zentralbanken, Aufsichtsbehörden und Industrie entwickelten Standards sind marktnäher als die Ideen nationalstaatlicher Interventionisten.»[132] Selbst wenn Regulierungen von der Schweiz nicht autonom nachvollzogen werden, so können sie trotzdem direkte Auswirkungen haben, was die EBK am Beispiel von MiFID wie folgt formuliert: «Die Bankenkommission hat nicht die Absicht, die Regulierung der EU autonom nachzuvollziehen. Allerdings können direkte Auswirkungen auf Schweizer Finanzintermediäre mit Geschäftsbeziehungen in der EU nicht ausgeschlossen werden, so namentlich wenn sie in der EU über Niederlassungen verfügen oder Outsourcing-Dienstleistungen für Wertpapierfirmen mit Sitz in der EU erbringen.»[133]

---

[131] Vgl. HÜPKES, Globale Märkte und nationale Regulierung – die Schweizer Finanzplatzpolitik vor neuen Herausforderungen, GesKR 4/2007, S. 340; ausführlich dazu ROTH, Soft Law, S. 61 ff. Vgl. auch zur internationalen Verhandlungssituation SCHWEIZERISCHE BANKIERVEREINIGUNG, Aktuelle Bankenfragen 2008 (Studie durchgeführt durch das Institut M.I.S. Trend SA, Lausanne), S. 37 f. Unter dem Titel «Bärendienst für Schäuble» berichtete DIE WELT am 4.9.2007 (S. 6), dass 84% der deutschen Rechtsakte ihren Ursprung in Brüssel hätten und dass nur 16% originär aus Berlin stammten. Vgl. weiter The Economist vom 22.9.2007, S. 42 (How the European Union is becoming the world's chief regulator) sowie neuerdings das Vordringen der EU in das Strafrecht: Schwere Umweltvergehen sollen in der EU strafrechtlich geahndet werden müssen; vgl. NZZ vom 22.5.2008, S. 7 (Die Europäische Union expandiert erstmals ins Strafrecht).

[132] VILLIGER, Mit regulatorischer Hektik ist der Subprime-Krise nicht beizukommen, NZZ vom 1.4.2008, S. 29; so auch ACKERMANN, Wie das internationale Finanzsystem zu stärken wäre, NZZ vom 22./23.12.2007, S. 29.

[133] EBK Jahresbericht 2007, S. 108.

68 Die Frage, welche Freiheit sich die Schweiz bei der Umsetzung bzw. beim Transfer von Soft Law ins nationale Recht nehmen kann und soll, wird von den politischen Akteuren kontrovers beurteilt. Es spricht grundsätzlich nichts dafür, Anliegen nachzuvollziehen, die einem nicht sinnvoll erscheinen.[134] Der Verzicht müsste indessen mit Argumenten, Fakten und Daten begründet werden, sodass das Handeln nachvollziehbar ist. Was damit gemeint ist, sei anhand des nachstehend geschilderten Beispiels erläutert, welches zwar mit Soft Law nichts zu tun hat, aber aufzeigt, dass umfassende Argumentation zu Resultaten führen kann. Es betrifft Porsche: «Obwohl die Aktie von der Deutschen Börse aus dem MDax gestrichen wurde, weil das Unternehmen sich weigerte, Quartalsberichte zu veröffentlichen, ging der Stuttgarter Autobauer das Thema höchst aktiv an und verbreitete seine Sicht der Dinge: Quartalsberichte führten beim ‹kleinsten unabhängigen Automobilhersteller der Welt›, so die Eigenbezeichnung, in die Irre, weil der Geschäftsverlauf extrem saisonabhängig sei. Mit dem Argument ‹Wir machen doch nicht jeden Unsinn mit› verklagte Porsche auf dem Höhepunkt seiner Kampagne sogar die Deutsche Börse wegen des MDax-Rauswurfs – natürlich ohne juristischen, aber mit grossem

[134] KIRCHNER (Steueranspruch und Moral, FAZ vom 12.4.2008, S. 11) bezeichnet es als eine wirtschaftsethisch vertretbare Überlegung, dass kein Gesellschaftsverband einen anderen zu Regelungen zwingen kann, die nicht den Präferenzen von dessen Mitgliedern entsprechen. Das ist offensichtlich aber nur eine der Betrachtungsweisen, die sich unter Umständen angesichts des damit verbundenen Reputationsrisikos des Verweigerers als obsolet erweisen kann. So muss die Schweiz an der ihr Ziel verfehlenden Geldwäschereiprävention festhalten «als Mittel zur Minimierung der Reputationsrisiken», vgl. dazu NZZ 5./6.8.2006, S. 23 (Unerlässlicher Kampf gegen die Geldwäscherei) mit Hinweisen. Stellvertretend für viele weitere Beispiele: Süddeutsche Zeitung vom 30.6./1.7.2007, S. 4 (Digitaler Pranger). Siehe weiter SWISS FINANCIAL CENTER WATCH, Portrait des Finanzplatzes Schweiz, Schlussbericht 2007, S. 33: «Die Schweiz gehört zum Cluster von Ländern mit den striktesten Vorschriften. Schon alleine aus Reputationsgründen und für einen problemlosen Zugang zu den internationalen Kapitalmärkten muss die Schweiz heute und zukünftig diesem Cluster angehören.»

kommunikativem Erfolg: Die Zuffenhausener hatten die Rolle des David gegen den Goliath Deutsche Börse mit Bravour gespielt und gingen als moralische Sieger aus dem Konflikt hervor.»[135]

69 Die «strategy of raising rivals costs», besagt im Wesentlichen folgendes: Dadurch, dass regulierungsfreudige Staaten ihr eigenes hohes Regulierungsniveau auf dem Weg über europäische Mindestvorschriften und qualifizierte Mehrheitsentscheidungen auch der Minderheit aufzwingen, beeinträchtigen sie die Wettbewerbspositionen ihrer liberalen Konkurrenten.[136] Diese Strategie schlägt sich in der Finanzmarktregulierung nieder und ist besonders in Bezug auf die Diskussion um das Bankgeheimnis im Auge zu behalten, wobei bei dieser Fragestellung zu vermerken ist, dass die Verbindung des Bankgeheimnisses und der Steuerhinterziehung des Falles Zumwinkel mit der «Abzockerdebatte» diesen Wettbewerbsvorteil verstärkt gefährdet.

70 Das Financial Stability Forum (FSF) bezeichnet für ein stabiles Finanzsystem zwölf Standardsetter und zwölf Standards als wesentlich.[137] Unter dem Titel «International Regulatory Initiatives» heisst es zu dieser Übersicht des FSF einleitend: «This overview table is intented to provide a snapshot of key regulatory initiatives in the implementation, public consultation and development phases, along with an indication of their timing where applicable. It is intended to assist national authorities, firms and other stakeholders in keeping abreast of and better preparing for major regulatory initiatives as they are taken forward.»

---

[135] FAZ vom 10.3.2008, S. 20 (Die Reputation des Unternehmens steuern).

[136] Vgl. dazu ausführlich VAUBEL, Weshalb die Europäische Union die Arbeitsmärkte reguliert, NZZ vom 23./24.2.2008, S. 31.

[137] Vgl. HÜPKES, Globale Märkte und nationale Regulierung – die Schweizer Finanzplatzpolitik vor neuen Herausforderungen, GesKR 4/2007, S. 341, mit Verweis.

71 Dazu kommt, dass global tätige Institute vielen unterschiedlichen Regulierungsbehörden in zahlreichen Ländern unterstehen.[138] Die Schweiz bildet diesbezüglich weniger denn je einen «Sonderfall».[139] So war die UBS Investment Bank 2007 weltweit in mehr als 30 Ländern tätig und stand mit mehr als 100 verschiedenen Aufsichtsbehörden in Kontakt.

3.3 Regulierung als Reputationsfaktor

72 Es besteht in diesem Zusammenhang die Gefahr einer regulatorischen «Camouflage». Akteure nämlich, welche nach aussen zwar entsprechenden Standards zustimmen, intern aber nicht an einer konsequenten Durchsetzung interessiert sind, kommen so in den Genuss eines Gütesiegels, welches letztlich täuscht. Dieses kann auch dann zu Unrecht bestehen, wenn die nationalen Behörden überfordert sind und so eine Durchsetzung der Regulierung nur mit grosser zeitlicher Verzögerung oder gar nicht erfolgen kann.

73 Im Sinne einer prudentiellen Aufsicht[140] verfolgt die Eidgenössische Bankenkommission (EBK), der gemäss Art. 23 Abs. 1 BankG die Aufsicht über das Bankwesen, die Anlagefonds, das Börsenwesen, die Offenlegung bedeutender Beteiligungen und die öffentlichen Kaufangebote zur selbständigen Erledigung übertragen ist, den Gläubiger- und Anlegerschutz,

---

[138] HÜPKES, Globale Märkte und nationale Regulierung – die Schweizer Finanzplatzpolitik vor neuen Herausforderungen, GesKR 4/2007, S. 340.

[139] Vgl. FORSTMOSER, Wirtschaftsrecht im Wandel.

[140] Nach BOEMLE/GSELL, Geld-, Bank- und Finanzmarkt-Lexikon der Schweiz, S. 84, lässt sich prudentielle Aufsicht auch als «umsichtig», «vorsichtig» bezeichnen; sie dient dem Gläubigerschutz, der Transparenz und der Gleichbehandlung im Effektenhandel, dem einwandfreien Funktionieren der Effektenmärkte und des Finanzsystems als Ganzem sowie dem Schutz des guten Rufes des Finanzplatzes. Vgl. auch die vorstehende Fussnote 108.

die Förderung des Funktionierens der Finanzmärkte sowie die Wahrung der Reputation des Finanzplatzes.[141]

74 Die «einwandfreie Geschäftstätigkeit» ist dabei der Massstab für Finanzakteure, um einen Reputationsschaden präventiv zu verhindern, Reputationsrisiken im Vorfeld zu erkennen, zu erfassen, zu steuern und somit möglichst zu «beherrschen»:

In einer Mitteilung an die Medien[142] teilte die Bank Sarasin am 7. Juli 2007 mit, dass die sie betreffenden Untersuchungen der EBK im Fall von Dieter Behring und Umfeld abgeschlossen seien. In der Pressemitteilung hiess es u.a. in Bezug auf die Reputationsrisiken, dass die EBK zum Schluss gekommen sei, dass die Bank nicht genügend abgeklärt habe, wieweit sie sich mit der Moore Park Investments Inc. (MPII) in Verbindung bringe, wenn sie gleichzeitig im Auftrag eines unabhängigen Vermögensverwalters für Kunden Notes MPII kauft und für die MPII ein Konto für die Abrechnung dieser Käufe führt. Weiter hiess es, die EBK habe keine Massnahmen angeordnet, nachdem die Bank die erforderlichen Schritte eingeleitet habe: «Inzwischen hat die Bank Sarasin ihre Überwachung des Reputationsrisikos angepasst, um derartige Fälle in Zukunft zu verhindern.»

75 Die Reputation und das Reputationsrisiko bilden eine Argumentation, die mehr und mehr insbesondere im Rahmen der Aufsicht der EBK zum Tragen kommt. Fragen der Erfassung, Beschränkung und Überwachung von Reputationsrisiken sind über das Feld der Geldwäscherei hinaus Anlass für Massnahmen, welche Institute zu treffen haben. Das bedeutet vorab, dass eine Bank im Hinblick auf ihr Reputationsrisiko

---

[141] Siehe Strategiepapier der EBK für die Jahre 2004–2008, im Beschluss derselben vom 28.10.2004 unter Punkt 1.

[142] Vgl. auch FuW vom 9.7.2005, S. 16 (Fall Behring ohne Folgen für Bank Sarasin).

nicht genügend vorkehrt, wenn sie ihre Abklärungen im Rahmen einer Kundenbeziehung auf das Geldwäschereirisiko beschränkt. Die Bank muss sich grundsätzlich die Frage stellen, was es bedeutet, wenn ihr Name in Verbindung gebracht wird mit Namen von Kunden oder von Dritten aus dem Dunstkreis dieser Kunden. Das gilt ebenso für Kooperationspartner.

76 Damit wird der Aspekt der Integrität erneut in den aufsichtsrechtlichen Diskurs eingebracht. In Bezug auf ethische Fragestellungen bedeutet Integrität im unternehmerischen Umfeld, dass ethische Anliegen ernst genommen werden – nicht aus strategischen Erwägungen, sondern weil die Frage der Legitimierbarkeit unternehmerischen Handelns gestellt wird. Die Legitimierbarkeit ergibt sich aus verantwortungsvollen, integren, sorgfältigen und weitsichtigen Verhaltensweisen. Die enge Argumentation nur mit dem Reputationsrisiko ist allerdings nicht überzeugend, weil sie das Schielen nach Akzeptanz motiviert und zudem eine Art «Erfolgsaufsichtsstrafrecht» schafft.

77 Letztlich geht es um die Integrität der für eine Bank Handelnden – und bei weitem nicht nur um die Integrität der Gewährsträger – sowie um die des Unternehmens als produktives, soziales System. Es ist indessen bei Nichtintegrität gar nicht zwingend, dass ein ökonomischer Misserfolg als Konsequenz eintritt. Richtig ist, dass man erfolgreich sein kann, gerade weil man integer ist, aber auch dafür besteht keine Garantie. Die Bedeutung der Integrität ergibt sich beispielhaft, wenn man sich die folgenden Fragen stellt: Wer möchte von Personen erzogen, geführt, bedient oder unterstützt werden, welche nicht integer sind? Wer möchte solche Freunde haben? Oder wer möchte solche Geschäftspartner?

78 Das Reputationsrisiko kann opportunistisch bewältigt werden, indem Geschäfte und Transaktionen lediglich deshalb unter-

lassen werden, weil sie Missfallen erregen könnten. Das Handeln erfolgt nicht aus innerer Überzeugung, sondern um allfälligen negativen Konsequenzen aus dem Weg zu gehen. Es werden dafür strategische Erwägungen angestellt. Diese basieren nicht zuletzt auch darauf, dass sich die wirklichen (d.h.: auch die internen) Kosten eines aufsichtsrechtlichen Verfahrens immer deutlich zu Buche schlagen und dass ein Institut tunlichst darauf achten sollte, bei der Aufsichtsbehörde gut angesehen zu sein. Weiter sind die im Zuge von Presseberichten hoch wogenden Skandalisierungswellen Naturereignisse, die Unternehmen nicht schätzen. Diese Wellen sind von den Strömungen des Zeitgeistes getrieben, welcher weder eine stete Grösse noch per se überzeugend ist.

79 Die Argumentationskette «Reputationsrisiko» ist nach dem Gesagten nicht wirklich überzeugend. Es sei denn, man wolle lediglich legales Verhalten, legalistische Argumentation und opportunistische Anpassung an den *Common Sense* zwecks Vermeidung von Reputationsrisiken. Und das ist wohl nicht wirklich gemeint.

Das Ziel, das Ansehen des einzelnen Instituts und des Finanzplatzes Schweiz insgesamt zu wahren und den guten Ruf zu fördern, genügt nicht für die Schaffung und den Erhalt von Integrität. Es geht um die Legitimität des Handelns. Ohne die Anerkennung des Primats der Ethik ist die Legitimität nicht zu haben. Es müssen ethisch fundierte Wertesysteme vorhanden sein, welche intern hochgehalten, gelebt und kontrolliert sowie extern deutlich gemacht werden. Das schafft aufgrund integren unternehmerischen Handelns und Wirtschaftens verdiente Akzeptanz und für das Unternehmen selbst eine *verdiente Reputation*.

80 Der Gewährsbegriff dient in erster Linie dem Gläubigerschutz[143], darüber hinaus aber auch der Sicherstellung der Vertrauenswürdigkeit der Banken und des Finanzplatzes Schweiz schlechthin.[144]

81 In diesem Kontext wird heute allgemein die Meinung vertreten, dass die Regulierung als Reputationsfaktor bedeutsam ist und Bestandteil des «Immunsystems» bildet. Somit ist sie auch ein Aspekt der Standortqualität. Regulierung und Aufsicht bilden im Konkurrenzkampf der Finanzplätze den zweitwichtigsten Wettbewerbsfaktor. Die Schweiz weist – verglichen mit den Finanzplätzen Grossbritannien, USA, Irland, Deutschland und Singapur – die höchste Effizienz im Bereich der Finanzmarktaufsicht auf. Wichtiger ist indessen die Qualität und damit die Effektivität der Aufsicht: Die Schweizer Aufsichtsbehörden geniessen diesbezüglich sowohl unter den beaufsichtigten Marktteilnehmern als auch bei den ausländischen Aufsichtsorganen eine gute Reputation.[145]

82 EUGEN HALTINER[146] wies in der Medienkonferenz seiner Behörde vom 27. April 2006 auf den Willen der EBK hin, die «Angemessenheit» ihrer Praxis regelmässig zu überprüfen, da

---

143 Vgl. BGE 116 Ib 193 S. 196; Botschaft des Bundesrates vom 2.2.1934 betreffend den Entwurf eines Bundesgesetzes über die Banken und Sparkassen, BBl 1934 Band I, Heft 6, S. 175; BGE 106 Ib 357 S. 363; BGE 99 Ib 104, S. 110.

144 Vgl. BGE 111 Ib 126 S. 127; NOBEL, Die Sorgfaltspflicht des Bankiers, in: 50 Jahre eidgenössische Bankenaufsicht, S. 218; AELLEN, Die Gewähr für eine einwandfreie Geschäftstätigkeit, S. 85 ff.; HAURI, Erfahrungen der Bankenaufsicht, Berner Bankrechtstage 1995, S. 19; ZULAUF, Gläubigerschutz und Vertrauensschutz, ZSR 113 (1994) II 363 ff., 378 ff. Anderer Meinung: BODMER/KLEINER/LUTZ, Kommentar zum BankG, N 95; RHINOW/BAYERDÖRFER, Rechtsfragen der schweizerischen Bankenaufsicht, S. 47; RHINOW/SCHMID/BIAGGINI, Öffentliches Wirtschaftsrecht, S. 678.

145 Vgl. dazu SWISS FINANCIAL CENTER WATCH, Portrait des Finanzplatzes Schweiz, Schlussbericht 2007, S. 32.

146 Seit Februar 2006 Präsident der EBK.

«jeder», auch die Aufsichtsbehörde, «zum Erhalt einer guten Reputation» seinen Beitrag leisten müsse.[147]

83 Die von der Eidgenössischen Finanzverwaltung (EFV), der Eidgenössischen Bankenkommission (EBK) und dem Bundesamt für Privatversicherungen (BPV) gemeinsam erarbeiteten «Richtlinien für die Finanzmarktregulierung»[148] vom September 2005 sollen einheitliche und systematische Vorgaben für eine «verhältnismässige, kostenbewusste und wirksame Regulierung des Schweizer Finanzmarktes» liefern, was im neuen FINMAG auf Gesetzesstufe verankert werden soll, wobei die FINMA[149] in ihren künftigen Regulierungsvorhaben durch die Aufsichtsziele geprägt sein wird: Gläubigerschutz, Anlegerschutz, Versichertenschutz, Gewährleistung der Funktionsfähigkeit der Finanzmärkte und Wahrung der Reputation und der Wettbewerbsfähigkeit des Finanzplatzes Schweiz.[150]

84 Bundesrat HANS-RUDOLF MERZ verweist in der Einleitung zu den vorerwähnten Richtlinien auf den Zusammenhang zwischen Finanzmarktregulierung und dem Vertrauen der Gläubiger, Anleger und Versicherten auf «solvente und korrekte Finanzintermediäre», aber auf der anderen Seite auf das notwendige Sich-Verlassen auf marktneutrale, verlässliche und

---

[147] www.ebk.ch/d/publik/refer/pdf/060427_Referat_MK_H_d.pdf. Siehe auch NZZ vom 22.4.2008, S. 21, wo unter dem Titel «Die Zurich wirbt für einen starken Schweizer Finanzplatz» unter anderem von der Hoffnung der Zürich Versicherung berichtet wird, «dass die ab Januar 2009 operative integrierte Finanzmarktaufsicht (Finma) europäisch, aber auch in Drittmärkten wie den USA, anerkannt wird».

[148] www.efd.admin.ch/dokumentation/grundlagenpapiere/00818.

[149] Zusammenschluss von Bankenkommission, Bundesamt für Privatversicherungen und Kontrollstelle zur Bekämpfung der Geldwäscherei.

[150] Für die EBK ist in diesem Zusammenhang der Begriff «Reputation» mit «Ansehen» gleichgesetzt; vgl. EBK-Jahresbericht 2005, S. 30 sowie Strategiepapier der EBK für die Jahre 2004-2008, im Beschluss derselben vom 28.10.2004 unter Punkt 1.

sachgerechte Rahmenbedingungen. Mit Rahmenbedingungen wird gemeinhin das Umfeld bezeichnet, innerhalb welchem sich die verschiedenen gesellschaftlichen und wirtschaftlichen Akteure bewegen.[151]

85 Dem bankentypischen Vorwurf der hohen Umsetzungskosten und entgangenen Geschäftsmöglichkeiten ist die Notwendigkeit des Vertrauens der in- und ausländischen Öffentlichkeit in einen «sauberen, funktionierenden und leistungsfähigen» Schweizer Finanzmarkt als Voraussetzung für erfolgreiche Geschäftstätigkeit entgegenzuhalten. MERZ erwähnt weiter, dass ausgebliebene oder verzögerte Regulierung den Betroffenen und der Volkswirtschaft erhebliche Kosten etwa durch Nachteile im internationalen Wettbewerb verursachen können.

86 Auch in der Broschüre des Eidgenössischen Finanzdepartementes «Finanzplatz und Finanzmarktpolitik Schweiz»[152] wird der Wille der Eidgenossenschaft ausgedrückt, international anerkannte Standards in der Finanzmarktaufsicht als festen Bestandteil der Zusammenarbeit zwischen den nationalen Aufsichtsbehörden zur Stärkung der Finanzsysteme und des «Vertrauens- und Reputationsschutzes» vollumfänglich zu unterstützen.[153]

87 Als besonders schwierig erweist sich seit jeher das Spannungsfeld zwischen gutem Mass an Regulierung und dem

---

[151] Vgl. MOECKLI, Politische Stabilität als Rahmenbedingung für den Wirtschaftsstandort Schweiz, S. 7.

[152] EIDGENÖSSISCHES FINANZDEPARTEMENT, Finanzplatz und Finanzplatzpolitik Schweiz, September 2006, S. 12.

[153] Zu denken wäre etwa an Basel II des Basler Ausschusses für Bankenaufsicht, die 40+9 Empfehlungen der FATF, die Arbeiten der OECD z.B. im Zusammenhang mit Korruption, IOSCO Standards im Zusammenhang mit Effektenhandel usw.

«Ruf nach dem Staat»[154], auf das die EBK unter anderem mit ihrem risikoorientierten Ansatz reagiert. Hierbei geht es um pragmatische und differenzierte Regulierung, die den Verhältnissen der einzelnen Institute Rechnung trägt und ihren unterschiedlichen Bedürfnissen möglichst entgegenkommt.[155]

88 KURT HAURI beschreibt als damaliger Direktor des Sekretariates der EBK in seinem Referat an den Berner Bankrechtstagen 1995[156] anschaulich die Erwartungen an die EBK: In guten Zeiten soll die Aufsichtsbehörde schweigen, «die Paragraphen werden irgendwohin verwünscht», wohingegen bei sich abzeichnenden schwierigen Situationen der Rat der EBK erwünscht und ihre Empfehlungen als Allwissende «blind befolgt» würden, wobei HAURI bedauert, dass damit kein Dialog unter Gleichberechtigten mehr stattfände. Der Vogt würde quasi zähneknirschend aufgesucht, sein weiser Ratschlag in der Not angenommen. Die Besonderheit der Stellung der EBK als oberste Kontrollinstanz über die Einhaltung der gesetzlichen Vorschriften, wie es Art. 23bis Abs. 1 BankG vorsieht, liegt nach HAURI neben ihrer Funktion in der grossen zeitlichen Entfernung zu den prudentiell Beaufsichtigten, was die besondere Beachtung des Verhältnismässigkeitsprinzips[157] durch die EBK erfordert.

---

[154] EBK Jahresbericht 2004, S. 14.

[155] Im Zusammenhang mit Basel II (revidierte Eigenkapitalvereinbarung des Basler Ausschusses für die Eigenmittelunterlegung der Risiken im Bankgeschäft; www.bis.org/publ/bcbsca.htm); vgl. die Ausführungen von ZUBERBÜHLER unter «Basel II – cuisine suisse: Menüs für jeden Geschmack» an der EBK-Medienkonferenz vom 19.4.2005; www.ebk.admin.ch/d/publik /refer/pdf/050419_Referat_ZUJ_d.pdf.

[156] Berner Bankrechtstage, BBT Band 2, «Konsequenzen aus der Krise», Referat «Erfahrungen der Bankenaufsicht», S. 17 ff.

[157] Die Verhältnismässigkeit ist anhand der Kriterien Eignung, Erforderlichkeit, Zumutbarkeit zu überprüfen; in der BGer-Praxis zum Wirtschaftspolizeirecht entwickelt; gemäss RHINOW/SCHMID/BIAGGINI (Öffentliches Wirtschaftsrecht, S. 318) beinhaltet das Verhältnismässigkeitsprinzip, dass der Staat Raum für kontrollierte Selbstregulierung lässt, wo das sinnvoll möglich ist. Auch in der EU herrscht die Doktrin, dass die in der Rechtspre-

89 ZULAUF nennt als zentrale Aufgaben einer Aufsicht über die Banken und den Finanzmarkt «Vertrauen zu schaffen und zu wahren»[158]. Dazu gehöre eine vernünftige und marktnahe Regulierung (nicht «Überregulierung»), ihre wirksame, aber faire Umsetzung auch mittels «Enforcementverfahren» und eine sachgerechte öffentliche Information über diese. Es gehört wohl ein weiterer Punkt dazu, nämlich den der Information über die Regulierung. Gerade im Finanzbereich ist Regulierung wachstumsfördernd und vertrauensbildend[159] – das setzt voraus, dass sie bekannt ist.

90 Qualität der Regulierung und Gleichwertigkeit der Aufsicht bilden Themen auf internationaler Ebene. Aufgabe der Third Country Supervision Working Group (TCSWG) ist es, zuhanden der EU-Kommission sowie der nationalen Aufsichtsbehörden eine Einschätzung der schweizerischen Aufsicht über Finanzgruppen und Finanzkonglomerate abzugeben. Falls die TCSWG zum Schluss kommt, die schweizerische Finanzgruppenaufsicht sei nicht gleichwertig, so kann dies für derartige Gruppen unter Umständen die Folge haben, dass eine Parallelaufsicht durch eine weitere Aufsichtsbehörde eines EU-Mitgliedstaates angeordnet wird, was sich auch auf die Kosten auswirkt.[160]

chung anerkannten wirtschaftlichen Grundrechtsgarantien nur dann eingeschränkt werden dürfen, «sofern diese Beschränkung tatsächlich dem Gemeinwohl dienenden Zielen der Gemeinschaft entsprechen und nicht einen im Hinblick auf den verfolgten Zweck unverhältnismässigen, nicht tragbaren Eingriff darstellen, der die so gewährleisteten Rechte in ihrem Wesensgehalt antastet» – siehe EuGH, 5.10.1994, Rs. C-280/93, Deutschland-Rat, Slg. 1994, I-4973 ff., Rz 78.

158 ZULAUF, Gläubigerschutz und Vertrauensschutz, ZSR 113 (1994) II 363 ff.

159 So VILLIGER, Mit regulatorischer Hektik ist der Subprime-Krise nicht beizukommen, NZZ vom 1.4.2008, S. 29.

160 Vgl. EBK Jahresbericht 2007, S. 110 f.

91 Zur Regulierung im weitesten Sinne gehört der durch Zivilgerichte und Strafverfolgungsbehörden gewährleistete wirksamen Rechtsschutz des Kunden.[161]

92 Regulierung als (positiver) Reputationsfaktor bedarf zusammengefasst und auf die aufsichtsrechtlichen Dimensionen bezogen folgender Punkte:

1. «vernünftige, marktgerechte Regulierung»: Vertrauen in einen Finanzmarkt setzt klare, berechenbare, zeit- und marktgerechte Regeln voraus;[162]
2. Information über die Regulierung;[163]
3. «Enforcement»: wirksame und faire Durchsetzung und Vollstreckung der Finanzmarktregulierung;
4. Information über Enforcement.[164]

3.4 Unternehmensinterne Regulierung

3.4.1 Wissen in der Alltagswelt

93 Welches Wissen prägt das Verhalten in der Alltags- und damit auch der Unternehmenswelt? Hier interessieren nicht theoretische Perspektiven, sondern die Sicht und die Mög-

[161] Vgl. ISLER, Einführung zur Vermögensverwaltung in der Schweiz, ZSR 127 (2008) I 5.
[162] Vgl. dazu ISLER, Einführung zur Vermögensverwaltung in der Schweiz, ZSR 127 (2008) I 5, der von «angemessenen Gesetzesvorschriften», «sachgerechter Regulierung» und «wirksamer Aufsicht» schreibt.
[163] Vgl. EBK Bericht Selbstregulierung, S. 23; das muss für Regulierung insgesamt gelten.
[164] Vgl. dazu Bericht der EBK «Beauftragte der EBK» vom März 2008.

lichkeiten des «gesellschaftlichen Normalverbrauchers».[165] So «besteht ein grosser Teil des gesellschaftlichen Wissensvorrates aus Rezepten zur Lösung von Routineproblemen.»[166] Dazu zählt das Wissen über den Beruf und die Berufswelt, in der sich der Einzelne bewegt.[167] Darin enthalten sind die Regeln und Werte, die für die Lösung von Fragestellungen massgeblich sind. Die Fülle des heute allgemein verfügbaren Wissens bei gleichzeitiger «Explosion des Nichtwissens»[168] macht es notwendig, Kernfragen zu identifizieren und Antworten und Wegleitungen zu liefern, damit Parameter bestimmt sind für den Einzelnen. Urteilskraft und Entscheidungsfähigkeit in Dilemma-Situationen bestehen nicht «einfach so». Es geht, wie die Franzosen sagen, um einen «chantier d'évolution des mentalités». Dieser Weg wird nicht durch das Recht beschritten: Das Recht bildet die Vergangenheit ab – und die Entwicklung geht weiter.

94 Quasi als Überbau muss dazu gehören das Bewusstsein dafür, dass gerade in Systemen die Gefahr besteht, dass der Gedanke «If everyone else is doing it, how can it be wrong» gefährlich ist, weil er dazu veranlasst, die herrschende oder individuelle Moral als richtig anzusehen und nicht zu hinterfragen. MARTIN WALSER formuliert es so: «Der Zeitgeist untersucht sich nicht selbst. Er hat Kants ‹Kritik der Urteilskraft› nicht gelesen.»[169]

---

165 Vgl. dazu BERGER/LUCKMANN, Die gesellschaftliche Konstruktion der Wirklichkeit, S. 21.

166 BERGER/LUCKMANN, Die gesellschaftliche Konstruktion der Wirklichkeit, S. 44.

167 Vgl. BERGER/LUCKMANN, Die gesellschaftliche Konstruktion der Wirklichkeit, S. 45.

168 Vgl. BAUMANN, Recht und Ethik – Dimensionen einer kommunikativen Rechtstheorie, S. 129, mit Verweis.

169 WALSER, Das dunkle Parlament unter dem Schädeldach, Süddeutsche Zeitung vom 5./6.7.2008, S. 19.

95 In der globalisierten Welt und international gewordenen Arbeitsmärkten verstärkt sich die innerbetriebliche Wertepluralität. Es ergeben sich eine Vielzahl von «Subsinnwelten»[170], unter denen die Gesellschaft oder das System Unternehmen betrachtet wird. Diese Vielfalt der Perspektiven mit dem Hintergrund von Theorien und Weltanschauungen ist verbunden mit den Interessen des Einzelnen oder der ganzen Trägergruppe.[171]

96 Die von PROBST ET AL. als «Turbulenz in der Wissensumwelt»[172] benannte Ausgangslage beschlägt nicht nur den Fachbereich, sondern mithin auch den der Werte. All dies ist dynamisch. Wissen hat sowohl Servicefunktion und Strategierelevanz[173], als auch eine Bedeutung für die «Psychohygiene» des Unternehmens. Und damit muss eine zukunftsorientierte Organisation bewusst umgehen.

97 Wertesysteme sind nicht widerspruchsfrei: Werte können in einem Konkurrenzverhältnis zueinander stehen oder sie können in einer konkreten Situation miteinander in Konflikt treten, welche – abstrakt gesehen – vereinbar scheinen. In solchen Momenten ist die Frage nach der Hierarchie der Werte zu beantworten.[174] Jede Gesellschaft und jedes System in derselben muss sich immer wieder neu mit diesen Situationen auseinandersetzen.

---

170 BERGER/LUCKMANN, Die gesellschaftliche Konstruktion der Wirklichkeit, S. 91.

171 Vgl. BERGER/LUCKMANN, Die gesellschaftliche Konstruktion der Wirklichkeit, S. 91, welche ausführen: «Der Chiropraktiker sieht die Gesellschaft anders als der Professor der Schulmedizin, der Dichter anders als der Geschäftsmann, der Jude anders als der Christ» – diese Reihe lässt sich beliebig weiter fortsetzen.

172 PROBST/RAUB/ROMHARDT, Wissen managen, S. 21.

173 Vgl. dazu PROBST/RAUB/ROMHARDT, Wissen managen, S. 24 f.

174 Vgl. GAMMA ET AL., Ethik 2006, S. 15.

98 In Unternehmen steht das Risikoverhalten mit im Zentrum. Risikoverhalten kann definiert werden als «Verhalten in Entscheidungssituationen, bei denen mehrere Möglichkeiten bestehen, die aber in vielfacher Hinsicht durch Unsicherheiten gekennzeichnet sind.»[175]

99 «Jedes Unternehmen hat eine individuelle (Wissens-) Kultur».[176] Unternehmenskultur und Wissenskultur sind eng miteinander verknüpft.[177] Die Kultur «widerspiegelt sich in Gewohnheiten, gängigen Handlungsweisen, Normen und Werten.»[178] Sie haucht der Struktur des Skeletts «Unternehmen» Leben ein.[179] Die Werte «entsprechen eingebetteten, tief verwurzelten Präferenzen, welche Ziele auf welche Art und Weise eine Unternehmung erreichen soll.»[180] Dieser Rahmen wird nicht durch das Gesetz abgedeckt und geht weit darüber hinaus. Das Wissen um diese Parameter und die Anwendung im Arbeitsalltag stellen den Bezug zur internen Regulierung des Unternehmens und zu Compliance her.

100 Ein Unternehmen ist deshalb eine Institution mit einer zentralen Rolle, zumal der Wertewandel vom Einzelnen allein kaum zu bewältigen ist und Wertefragen des Diskurses bedürfen. Es geht um geteilte Werte und Vorstellungen. Institutio-

175 BÜHLER ET AL., Compliance, Risikoverhalten, Risikokultur, S. 10.

176 SOLLBERGER/THOM, Wissenskultur – ein wesentlicher Faktor für den Unternehmenserfolg, S. 25.

177 Vgl. SOLLBERGER/THOM, Wissenskultur – ein wesentlicher Faktor für den Unternehmenserfolg, S. 25.

178 SOLLBERGER/THOM, Wissenskultur – ein wesentlicher Faktor für den Unternehmenserfolg, S. 25. SOLLBERGER, Erfolgsfaktor Wissenskultur für ein ganzheitliches Wissensmanagement, S. 31: «Wissenskultur ist Teil der Unternehmenskultur und umfasst die Gesamtheit der Normen und Werte, die die Denk- und Verhaltensweisen der Unternehmensmitglieder im täglichen Umgang mit Wissen prägen.»

179 Vgl. MINTZBERG, Mintzberg on management, inside our strange world of organizations, S. 98.

180 SOLLBERGER/THOM, Wissenskultur – ein wesentlicher Faktor für den Unternehmenserfolg, S. 25.

nen bewähren sich «auch und gerade als Gegenstände menschlicher Wahlhandlungen.»[181] Dies umso mehr, als Compliance letztlich die Sache jedes Einzelnen ist und sich eben gerade nicht auf das Recht beschränkt. Zusammenfassend geht es um die rechtliche, ethische und kulturelle Einbettung der unternehmerischen Tätigkeit in der freien Marktwirtschaft. Und dies setzt voraus, dass man über den eigenen Tellerrand z.B. der Wirtschaftswissenschaften und der Jurisprudenz schaut.[182] Umgesetzt werden kann nur, was theoretisch erkannt ist: Compliance ist unteilbar ganzheitlich.[183]

3.4.2 Mensch und Risiko

101 Die Frage der internen, über das Gesetz hinausgehenden Regulierung muss mit Blick auf die Risikoverminderung und die Wahrscheinlichkeit menschlichen Fehlverhaltens und gar wirtschaftskriminellen Verhaltens diskutiert werden. Hier liegt ein Teil der unternehmerischen Selbstverantwortung, welche mithin dadurch umgesetzt wird, dass das Führungspersonal den richtigen Ton angibt und eine Kultur der Ehrlichkeit und des ethischen Anspruchs schafft, vorlebt und kommuniziert, diskutiert und immer wieder bestätigt.[184]

---

[181] SCHANZE, Die Bedeutung von Law and Economics für die Unternehmen, S. 105.

[182] Vgl. SCHANZE, Die Bedeutung von Law and Economics für die Unternehmen, S. 106.

[183] Diese Schrift handelt vom Finanzbereich. Das ganzheitliche Compliance-Verständnis kann ebenso in andern Bereichen der Wirtschaft beobachtet werden. So im Industriesektor im Umgang mit Umweltschutzfragen. Über die gesetzlichen Vorschriften hinaus werden oft zusätzliche Umweltstandards eingehalten; vgl. dazu BARDT, Industriepolitik bleibt Industriepolitik, FAZ vom 5.7.2008, S. 13.

[184] Vgl. BÜHLER ET AL., Compliance, Risikoverhalten, Risikokultur, S. 24. MINTZBERG, Mintzberg on management, S. 327.

102 Der grösste Risikofaktor ist bekanntlich der Mensch. So schreibt etwa VILLIGER[185], dass zwei kulturelle Elemente der Corporate Governance an Bedeutung gewinnen werden: Nachhaltigkeit und Integrität.[186] Corporate Governance wird von HEINEMAN in drei Dimensionen aufgeteilt:

«- The relationship between the shareholders and the company.
- The relationship between the directors and top company leaders.
- The relationship between those leaders and the employees.»[187]

103 Es gibt viele Beispiele dafür, dass Menschen nicht einmal für sich selbst nachhaltig Risiken beschränken können oder wollen. Umso mehr muss die Feststellung gelten für den Faktor Mensch im Zusammenhang mit den Risiken eines Unternehmens. Im Gesundheitswesen bildet die mangelnde individuelle Wahrnehmung geradezu eine Binsenwahrheit. In diesem Zusammenhang ein Beispiel: Per 15. Dezember 2007 führte Vietnam eine Helmpflicht für alle Fahrer und Mitfahrer auf Mofas und Motorroller ein. Es wurden zur Durchsetzung der Helmpflicht zum einen die Polizeikräfte ausgebaut und im Gesetz hohe Geldstrafen verankert. Um die Abschreckungswirkung zu verstärken, sieht das entsprechende Gesetz ein kompliziertes und für den Betroffenen zeitaufwendiges Verfahren zur Tilgung von Strafen vor, welches die Zeitung Viet

185 Vgl. VILLIGER, Mit regulatorischer Hektik ist der Subprime-Krise nicht beizukommen, NZZ vom 1.4.2008, S. 29 sowie HEINEMAN, High Performance with High Integrity, S. 76, der vom Commitment aller Mitarbeitenden spricht «to do the right thing by living the values of candor, honesty, fairness, reliabilty, and trustworthiness.»

186 Vgl. auch KLÖTI, Heikles Management von Personal-Risiken, NZZ vom 2.4.2008, S. 29.

187 HEINEMAN, High Performance with High Integrity, S. 12. Der dritte Punkt interessiert an dieser Stelle speziell.

Nam News[188] wie folgt umschrieb: «In order to pay the fine, the violators must go to a police to receive their punishment decision, then they must pay the fine at the State Treasury office. After that they will get their driving licenses and related documents back at the police office. This complicated procedure is aimed at discouraging people from violating the law.» Insbesondere junge Vietnamesen wollten aus Gründen der Eitelkeit darauf verzichten, Helme zu tragen, obwohl Kopfverletzungen damit vermieden werden können.[189] Die Schreibende war in der Nacht vom 14. auf den 15. Dezember 2007 in Ho Chi Ming City (Saigon). Dort bildet wie in anderen Städten Vietnams auch der Motorroller für Hunderttausende *das* Verkehrsmittel. Noch am 14. Dezember 2007 kurz vor Mitternacht fuhr die grosse Mehrheit ohne Helm – am 15. Dezember 2007 morgens war kaum ein Fahrer oder Mitfahrer ohne Helm mehr zu entdecken. Das Gesetz hatte der sonst chancenlosen Vernunft zum Durchbruch verholfen.

104 Konsens scheint weitgehend darüber zu bestehen, dass es sich Unternehmen kaum mehr leisten können, bloss die rechtlich sanktionierten Normen einzuhalten, sondern dass sie darüber hinaus Gewähr für korrektes Verhalten bieten müssen, was einer «Ethical Culture» entspricht.[190] Das beschlägt das Thema der unternehmensinternen Selbstregulierung in der Form von Codes of Conduct.

---

188 Viet Nam News vom 12.12.2007, S. 6 (Nation to dole out swift justice for those who spur new helmet law).

189 Vgl. Viet Nam News vom 15.12.2007, S. 4 (Foundation supports mandatory helmet law).

190 So im Wesentlichen KISTLER, «Ethical Culture» als Teil der Corporate Governance, S. 310 f.

3.5 Selbstregulierung

105 Selbstregulierung ist gerade im Wirtschaftsrecht und nicht nur in der Schweiz äusserst beliebt.[191] Sie spielt im Finanzmarktrecht eine wichtige Rolle.[192] Im neuen Finanzmarktgesetz (FINMAG) wird sie ausdrücklich rechtlich verankert und kann den Selbstregulatoren und/oder ihren Mitgliedern direkte Vorteile bringen. Gemäss dem Kollektivanlagengesetz (KAG) kann die Bankenkommission beispielsweise Selbstregulierungen zur Vermögensverwaltung als Mindeststandards anerkennen und gelten Vermögensverwaltungskunden als «qualifizierte Anleger», wenn ihr Vermögensverwalter einer Branchenorganisation angehört, deren Verhaltensregeln und Standardverträge von der Eidgenössischen Bankenkommission (EBK) anerkannt sind.

106 Selbstregulierung bildet eine alternative Regulierungsform[193] und nimmt einen breiten Raum ein: So umfasst gemäss einer Studie der EBK die Selbstregulierung über den Finanzsektor hinweg (einschliesslich Geldwäscherei, aber ohne Versicherungen) rund 190 Erlasse auf 1 280 Seiten und erreicht beinahe dasselbe Volumen wie die staatliche Regulierung, welche ca. 127 Erlasse auf 1 200 Seiten zählt.[194] Zum Teil enthalten diese Grundlagen Bestimmungen, welche Unternehmen dazu anhalten, Weisungen zu einzelnen Bereichen zu erstellen und

---

[191] Vgl. KUNZ, Corporate Governance – Tendenz von der Selbstregulierung zur Regulierung, S. 477.

[192] So etwa EUGEN HALTINER, Präsident der EBK, in einem Interview in: NZZ vom 28.8.2007, SB 20: «Die Selbstregulierung ist in der Schweiz ein tragendes Element. (...) Die starke Stellung der Selbstregulierung verhilft zudem zu Lösungen, die praxistauglich sind und sich deshalb durchsetzen lassen. Dies ist eine Stärke des Schweizer Systems und macht den Schweizer Finanzplatz sehr wettbewerbsfähig. International wird die Wichtigkeit, die wir der Selbstregulierung beimessen, immer wieder kritisch hinterfragt – vielleicht aus Neid.»

[193] EBK Bericht Selbstregulierung, S. 20.

[194] Vgl. EBK-Bericht Selbstregulierung, S. 6.

durchzusetzen (z.B. beim Thema Geldwäscherei). Das ist im gegebenen Kontext nicht gemeint. Es ist von einem weiteren Gehalt die Rede, welchen die EBK im Jahresbericht 2000 im Hinblick auf die Aufgaben einer Compliance-Funktion definiert hat:[195]

«- Die Erstellung eines internen Regelwerkes, welches die Respektierung von Vorschriften des Heimatlandes und von Gastländern sowie von ethischen Normen, welche durch das Management definiert werden, sicherstellt. Bei den länderspezifischen Vorschriften kann es sich sowohl um privatrechtliche als auch um öffentlich-rechtliche Bestimmungen handeln;
- die Unterstützung der übrigen Geschäftseinheiten bei der Interpretation von Vorschriften des Heimatlandes und von Gastländern und des internen Regelwerkes sowie bei deren Auswirkungen auf konkrete Geschäftsfälle;
- die Organisation eines internen Kontrollsystems, um die gesamte Geschäftstätigkeit eines Instituts zu überwachen und konkrete oder drohende Verletzungen von Vorschriften des Heimatlandes oder von Gastländern oder des internen Regelwerkes festzustellen;
- die Kontakte zu aussenstehenden Dritten wie z.B. Aufsichtsbehörden.»

3.5.1 Selbstregulierung als Deregulierung

107 Jeder Skandal in Branchen und in Unternehmen bildet ein politisches Risiko. Unternehmensinterne Regulierung sowie Branchenstandards bilden einen substantiellen Teil der Deregulierung.[196] Der Staat nimmt sich des Themas nicht an, weil

[195] EBK Jahresbericht 2000, S. 48.

[196] Vgl. SUMMERS, Six principles for a new regulatory order, FT vom 2.6.2008, S. 11.

die Fragen und Herausforderungen von den zuständigen Verantwortungsträgern selber benannt und bewältigt werden.[197] Dies ergibt die Chance, nicht einfach allgemeingeltende Regeln anwenden zu müssen, sondern individuelle Regelungen für Unternehmen zu treffen.

3.5.2 Unternehmensinterne Selbstregulierung

108 Die interne Selbstregulierung gehört zu den organisationellen Massnahmen, mit welchen Unternehmen Wertevorstellungen und Anweisungen für deren Umsetzung an die Mitarbeitenden geben. Vom Unternehmen wird schon aus rechtlicher Sicht erwartet, dass es dabei die branchen- und betriebstypischen Gefahren und Versuchungen antizipiert.[198]

109 Es sind nicht nur nationale Gesetzgebungen, welche diesbezüglich Wirkung entfalten. Der Ruf nach entsprechenden Regeln über das Verhalten von und in Unternehmen kommt auch von anderen Stellen. Zu nennen ist etwa der United Nations

---

197 Vgl. ROTH, Compliance, Integrität und Regulierung, S. 106.

198 Vgl. u.a. Art. 55 OR und 102 StGB, HANDSCHIN, Steigendes Risiko aus der Haftung für Organisationsfehler, NZZ vom 7.2.2006, S. 25, sowie STÖCKLI, Die Organisation von Banken aus privat-, aufsichts-, straf- und standesrechtlicher Perspektive, S. 32 sowie S. 162 ff. LÄNZLINGER, Korruptionsbekämpfung: Compliance auf dem Prüfstand, S. 286, schreibt, dass realistischerweise von keiner Unternehmung erwartet werden könne, dass es ihr gelinge, ungesetzliches Handeln seitens der Mitarbeitenden zu unterbinden. Zweierlei allerdings wird erwartet: Erstens, dass die Unternehmung alle ihr zumutbaren Schritte und Massnahmen ergriffen hat, um ungesetzliches Handeln in ihrer Verantwortungssphäre zu verhindern, und dass sie zweitens richtig auf den Einzelfall reagiert. Genauso wenig übrigens, wie Gesetze garantieren, dass sich alle gesetzmässig verhalten, kann ein Code of Conduct sicherstellen, dass alle den entsprechenden Werten gemäss handeln. Aber er ist ein Instrument, welches – richtig verwendet und umgesetzt – eine gewisse Wirkung zeigt (siehe auch PAINE ET AL., Up to Code, HBR Dezember 2005, S. 124).

Global Compact.[199] Das sind Folgen einer mittlerweile weltweit geführten Debatte über die Legitimität unternehmerischen Handelns.

110 Die entsprechenden Standards muss jeder Mitarbeitende kennen. Sie gelten für alle, insbesondere auch für das Führungspersonal.[200] Andere etwas glauben zu machen, ohne selbst daran zu glauben, das ist das genaue Gegenteil von Integrität. Und es wäre falsch verstandene Loyalität und keine Entschuldigung, wenn gegen diese Vorgaben gehandelt würde, um z.B. Aufträge zu erhalten.[201] Über das rechtlich Notwendige hinaus ist mit Blick auf das Prozessrisiko und das Reputationsrisiko weiter notwendig, dass moralische und ethische Fragestellungen miteinbezogen werden in die Wertegerüste.[202] Sie gehören in die Regulierung der Organisation Unternehmung.

111 RALPH WALDO EMERSON hat gesagt: «An institution is the lengthened shadow of one man.»[203] Daraus ergibt sich für das Top Management eine hohe Verpflichtung. Diese ist bereits aus dem Begriff Corporate Governance ableitbar: *gubernare* (lat.) bedeutet steuern, lenken, führen; c*orporatio* (lat.) heisst Körperschaft.

---

[199] weitere Stimmen sind aufgeführt bei PAINE ET AL., Up to Code, HBR Dezember 2005, S. 123.

[200] Vgl. dazu ROTH, Regeln für gutes Verhalten lohnen sich, Plädoyer 1/06, S. 22 ff.

[201] So z.B. PETER LÖSCHER, CEO von Siemens, sinngemäss zitiert in: The Economist vom 8.3.2008, S. 72 (Stopping the rot). Im gleichen Bericht wird der CEO von Siemens zitiert: «It proves you can grow with compliant business.» So auch MONIKA RIBAR, Konzernchefin von Panalpina zur Frage von Korruptionspraktiken, zitiert in: TA vom 14.3.2008, S. 31: «Wir haben festgestellt, dass man mit etwas Insistieren auch in Ländern, wo sonst solche speziellen Zahlungen üblich sind, zu seinen Dienstleistungen kommt.»

[202] Vgl. dazu LÄNZLINGER, Korruptionsbekämpfung: Compliance auf dem Prüfstand, S. 288 f., mit Verweisen auf die US-Anforderungen an Compliance- und Ethik-Programme.

[203] Zitiert bei COHAN, The last Tycoons, S. 64.

112 Viele Beispiele haben gezeigt, dass nicht nur Delikte im Sinne des Strafgesetzbuches das Vertrauen, die Integrität und die Effizienz der Finanzmärkte beeinträchtigen können: Das muss für die einzelne Unternehmung – gerade im Finanzbereich – Anlass bilden, eigene interne Regulierungen aufzustellen. Die Denkart sollte sich dabei an derjenigen der Bankenaufsicht orientieren, welche sich seit langem mit diesem weiten Rahmen von Regeln auseinandersetzt.[204] Das Vorgehen der einzelnen Unternehmen trägt dem Primat der Selbstregulierung Rechnung und muss einhergehen mit entsprechenden organisationellen Massnahmen.

113 Die fachliche und persönliche Qualität der Menschen in leitender Position ist besonders wichtig. Führungsfragen sind entscheidend.[205] Das Führungspersonal prägt die Kultur im Unternehmen.[206] Sein Verhalten signalisiert, was im System «Unternehmen» an Verhalten erwünscht ist und was nicht.[207] Dies ist angesichts der Wertepluralität und der rasanten gesellschaftlichen Entwicklungen – Stichworte sind z.B. Wer-

---

204 Vgl. WEBER/DARBELLAY, Combating Market Abuse: The New Swiss Circular on Market Behavior, SZW 3/2008, S. 301 f.

205 KLÖTI, Heikles Management von Personal-Risiken, NZZ vom 2.4.2008, S. 29, führt aus: «Als bedeutendste Personal-Risiken wurden (...) der Ausfall von Mitarbeitern, ein falsches Mitarbeiter-Portfolio, zu häufige Reorganisationen, eine mangelnde Attraktivität des Arbeitgebers sowie Fehlverhalten von Mitarbeitern erkannt.» UHE nennt aus der Praxis vier Hebel als elementar für eine erfolgreiche Umsetzung der Werte: «Erstens: Das Vorleben der Werte durch die Entscheidungsträger. Zweitens: Eine klare Kommunikation und Diskussion der Werte und des dazugehörigen persönlichen Verhaltens auf allen Ebenen (.......). Drittens: Die Verankerung in jedem einzelnen unserer Personalprozesse (...) Viertens: Institutionalisierte Hilfestellung durch einen Entwicklungsplan für einzelne Mitarbeiter in Bezug auf Verhaltens- und Wertefragen» (UHE, Unternehmenswerte, Wertvolle Leitplanken, ALPHA vom 19./20.4.2008, S. 1 und 3).

206 Vgl. ROTH. Good Corporate Governance, S. 93 ff.; VILLIGER, Mit regulatorischer Hektik ist der Subprime-Krise nicht beizukommen, NZZ vom 1.4.2008, S. 29.

207 Vgl. OSTERLOH/WEIBEL, Investition Vertrauen, Prozesse der Vertrauensentwicklung in Organisationen, S. 63.

tewandel und gesellschaftliches Änderungsrisiko – wichtiger denn je. Reputationslogik und Wertewandel sind untrennbar miteinander verknüpft.[208]

114 Das ist insofern von herausragender Bedeutung, als heute nicht mehr davon ausgegangen werden kann, dass Recht und Moral ein und dasselbe sind. Die Trennung von Recht und Moral ist eigentlich Programm und es gilt, dass zwischen Recht und Moral, trotz der vorhandenen Berührungspunkte, ein kategorialer Unterschied besteht.[209] Das Recht erfasst «nur noch das äussere Verhalten, während die Moral für die Innensteuerung aufkommt. (...) Das Recht setzt nur den Rahmen, innerhalb dessen es dem Einzelnen ermöglicht wird, moralisch zu sein.»[210] VOLKMANN bringt es wie folgt auf den Punkt: «Die Moral sagt dem Menschen, wie er sein soll, das Recht nimmt ihn, wie er ist, in seiner Mangelhaftigkeit wie in seiner Verführbarkeit.»[211]

---

[208] Ein Beispiel: In seiner Abschiedsrede als Professor der Universität Zürich im Dezember 2007 zeigte PETER FORSTMOSER auf, wie sich die Wahrnehmung im Bereich der Insiderdelikte verschoben hatte. Als er nämlich 1972 von einem US-Studienaufenthalt in die Schweiz zurückgekehrt sei, habe er die Überzeugung mitgebracht, dass in der Schweiz etwas gegen Insiderdelikte getan werden müsste. «Der Börsenchef einer Bank meinte, Insider seien das Salz der Börse, und ein Wirtschaftsführer fragte mich, welchen Sinn es denn nach einem Verbot des Insiderhandels noch machen würde, in einen Verwaltungsrat zu gehen» (SONNTAG vom 16.12.2007, S. 28 [Paradeplatz]). Eindrücklich auch die Wandlungen bezüglich Ehen und Scheidungen: Bis in die 80-er Jahre galt bei Scheidungen von Ehen das Verschuldensprinzip und für den Schuldigen konnte dies finanzielle Folgen haben (Unterhaltsbeiträge). Weiter gab es für Ehebrecher Wartefristen, welche bei der Scheidung im Hinblick auf eine erneute Heirat vom Gericht ausgesprochen werden konnten.

[209] Vgl. dazu VOLKMANN, Gute policey oder Das Recht als Vehikel der Mehrheitsmoral, FAZ vom 29.4.2008, S. 9.

[210] VOLKMANN, Gute policey oder Das Recht als Vehikel der Mehrheitsmoral, FAZ vom 29.4.2008, S. 9.

[211] VOLKMANN, Gute policey oder Das Recht als Vehikel der Mehrheitsmoral, FAZ vom 29.4.2008, S. 9.

115 «Moral von aussen zu predigen ist vergeblich.»[212] Moral kann nur von innen kommen: Der Manager muss überzeugt sein, dass die Einhaltung der Normen und die Befolgung von Werten Sinn machen und den wohlverstandenen, langfristigen Interessen der Firma dienen. Es ist nicht nur eine Frage persönlicher Skrupel und des Gewissens des Einzelnen. Themen bilden Ethik und Moral des Unternehmens.[213]

116 Dass diese Regeln in Ethik-Kodizes (Codes of Conduct) verankert werden müssen und Gegenstand von Aufklärung, Schulung und Dialog bilden sollen, muss erkannt werden.[214] So wird Transparenz geschaffen: Werte und Normen werden sichtbar.[215] Sie werden als Richtschnur für praktische Entscheidungen verstanden. Die Unternehmen «sorgen dafür, dass sich ihre Mitarbeitenden ständig technisch und kaufmännisch weiterbilden. Genauso muss es ethische Schulungsprogramme geben, in denen die Ethik-Kodizes nicht nur als Lernmaterial verteilt werden, sondern in deren Rahmen beispielhaft konkrete Situationen beim Hereinholen von Aufträgen durchgespielt werden.»[216] Das dient der Verfeinerung der Urteilskraft.

117 Wenn Top Manager (wie bei Volkswagen) ihre sexuellen Eskapaden über Spesen abrechnen, sich systematisch der Korruption bedienen, um Aufträge zu erhalten (Siemens) und trotz offensichtlichen Versagens Boni kassieren, so sind dies Vorbilder, die eine Abwärtsspirale der Wertvorstellungen in

[212] HÄNDLER, Kann eine Firma etwas Göttliches an sich haben?, FAZ vom 23.1.2008, S. 33.
[213] Vgl. PAINE, Managing for Organizational Integrity, HBR März-April 1994, S. 106 f.
[214] Vgl. STROBEL, Was bringt ein unternehmensweiter Ethik-Kodex?, S. 414.
[215] Vgl. STROBEL, Was bringt ein unternehmensweiter Ethik-Kodex?, S. 416.
[216] HÄNDLER, Kann eine Firma etwas Göttliches an sich haben?, FAZ vom 23.1.2008, S. 33.

Gang setzen.[217] Das verursacht Kosten: Bis Anfang Mai 2008 gab Siemens für die Aufklärung des Schmiergeldskandals 1,9 Mrd. Euro aus.[218]

118 Sozialverantwortliche und an Nachhaltigkeit interessierte Anleger beachten neben Rentabilität, Sicherheit und Liquidität auch folgende Kriterien: Soziales, Umwelt, Governance und Ethik. Viele dieser Dimensionen interessieren auch das breite Publikum – ob es in das betreffende Unternehmen investiert ist oder nicht.

119 Es geht um die Integritätserwartungen, welche untrennbar mit einem ganzheitlichen Compliance-Verständnis verbunden sind.[219] Es reicht nicht, wenn die Frage gestellt wird, ob etwas

---

[217] Siehe The Economist 23.2.2008, S. 32 f. (The disgrace of Germany AG). HARTZ, Macht und Ohnmacht, insb. S. 264 ff. PETER HARTZ war seit 1993 Personalvorstand bei der Volkswagen AG und wurde 2002 von der deutschen Bundesregierung mit der Entwicklung von Reformen für den Arbeitsmarkt beauftragt. Zu seinem Fall und den Ereignissen siehe Wikipedia (de.wikipedia.org/wiki/Peter_Hartz) sowie seine eigene Darstellung im Buch «Macht und Ohnmacht». Von entsprechenden Skandalen sind auch internationale Organisationen betroffen. Der Präsident der Weltbank sah sich 2007 mit schweren Vorwürfen konfrontiert und schadete der Glaubwürdigkeit der Institution: «Die Affäre war kurz vor Ostern mit Details der Beförderung von Wolfowitz' Lebenspartnerin Shaha Riza bekannt geworden. Um Interessenkonflikte zu vermeiden, war Riza, eine Mitarbeiterin der Bank, ins US-Aussenministerium gewechselt, nachdem Wolfowitz 2005 Präsident wurde. Dabei hatte sie, auf Veranlassung von Wolfowitz, einen Gehaltssprung von 133 000 auf 193 000 Dollar gemacht. Wegen der Affäre ist unter den Mitarbeitern der Bank ein regelrechter Aufstand gegen Wolfowitz ausgebrochen» (Süddeutsche Zeitung vom 21./22.4.2007, S. 11, Weltbank «in grosser Sorge» wegen Wolfowitz).

[218] Vgl. WELT am Sonntag vom 4.5.2008, S. 25 (Der lange Abstieg des Heinrich von Pierer).

[219] PAINE spricht von «integrity strategies» (Managing for Organizational Integrity, HBR März-April 1994, S. 107 und S. 111). Der Begriff Integrität findet sich neu in der seit 1. Juli 2008 in Kraft getretenen EBK-Geldwäschereiverordnung. Art. 11 derselben ist betitelt mit «Integrität und Ausbildung der Personals».

legal ist. «Wir alle müssen uns fragen, ob etwas richtig ist.»[220] Dabei steht im Speziellen die Glaubwürdigkeit der Leistungsträger im Vordergrund.[221] VILLIGER nennt all das, was man gemeinhin mit dem Wort «Charakter» bezeichne: Integrität, Sinn für das Mass, Bescheidenheit, Fairness, Zivilcourage und gesunden Menschenverstand. Daran müsse denken, wer die Chefs auswähle.[222] Nach der allgemeinen Lebenserfahrung ist davon auszugehen, dass das Verhalten des Führungspersonals und die allfälligen Verstösse das ist, was die Reputation des Unternehmens bei den Kunden stark prägt.

---

[220] So der frühere Chefjustiziar von General Electric, BENJAMIN W. HEINEMAN, zitiert in: DIE ZEIT vom 19.6.2008, S. 26.

[221] Vgl. OSTERLOH/WEIBEL, Investition Vertrauen, Prozesse der Vertrauensentwicklung in Organisationen, S. 61, sowie WELT am Sonntag vom 17.2.2008, S. 11 (Klaus Zumwinkel und das Versagen der Eliten). Ein weiteres Beispiel: Hans Vögeli, Chef der Zürcher Kantonalbank, der drittgrössten Bank in der Schweiz, welcher über ein privates Konto bei einer Drittbank (bei welcher er früher gearbeitet hatte) im Umfang von CHF 500 000 in Warrants auf Sulzer Aktien investierte und sich damit mit rund CHF 280 000 bereicherte, was einer Performance von 55% des eingesetztes Kapitals entspricht (EBK Jahresbericht 2007, S. 61 f., ohne Namensnennung, aber aus dem Zusammenhang ist offensichtlich, um wen es sich handelt). Dieses aus aufsichtsrechtlicher Sicht klar unzulässige Verhalten löste bei den Mitarbeitenden des Staatsinstituts eine tiefe Enttäuschung aus; vgl. NZZ am Sonntag vom 17.6.2007, S. 33. Basler Zeitung vom 16.6.2007, S. 35 (Vögelis rettender Looping). Es kam dazu, dass Vögeli bei seinem Rücktritt zwar den Verstoss gegen eine Weisung als Grund für seinen Entscheid nannte, aber einen ganz anderen: Er übernahm die formelle – und nur die formelle – Verantwortung dafür, dass seiner Anordnung nicht Folge geleistet worden sei, aus geschäftspolitischen Gründen keine Übernahmeversuche gegen das Unternehmen Sulzer zu unterstützen; dazu NZZ vom 8.5.2007, S. 23 (Rücktritt von ZKB-Konzernchef Hans Vögeli). Seine Botschaft war, er selber habe nichts falsch gemacht, er übernehme lediglich die Verantwortung dafür, dass andere seine Weisungen missachtet hätten; TA vom 8.5.2007, S. 23 (Warum bei der ZKB die Köpfe rollen).Gemäss Pressemeldung (Sonntag vom 21.10.2007, S. 26, Paradeplatz) gaben 30% der Beschäftigten der Zürcher Kantonalbank an, durch den Fall Sulzer in ihrer Arbeit beeinträchtigt zu sein. Neben Kundenrückmeldungen war die mangelnde Vorbildfunktion der Geschäftsleitung ein Thema. Es wurde ein Mitarbeiter zitiert: «Mich macht es wütend, dass sich die Obersten als Erste nicht an die Weisungen halten.»

[222] Vgl. VILLIGER, Mit regulatorischer Hektik ist der Subprime-Krise nicht beizukommen, NZZ vom 1.4.2008, S. 29.

120 Unternehmen sehen sich damit konfrontiert, dass sich die Gesellschaft immer schwerer tut, rechtlich zu tolerieren, was moralisch zu verurteilen ist.[223] Schliesslich ist im Graubereich die präventive Behandlung von Handlungsvarianten bei riskanten Geschäften im unternehmerischen Ermessen ein wichtiger Aspekt.[224]

121 Nur wenn das Führungspersonal konsequent und glaubwürdig agiert und «stimmt», können Compliance-Grundsätze glaubhaft vermittelt werden. Sätze wie «Schützen Sie unseren Ruf – er ist unser wichtigster Wert» oder «Verhalten Sie sich immer ehrlich und ehrenhaft» sind dann nicht nur Phrasen. Das erfordert, dass Manager sich selber regulieren und Grenzen setzen. «Manager sind es gewöhnt, Grenzen zu setzen, aber für sie selbst gelten sie nicht» mit diesem Satz umschrieb der mit der Untersuchung des Falles Klaus Zumwinkel befasst Oberstaatsanwalt EDUARD GÜROFF die Lage.[225] Compliance verlangt mehr, als über den Fussgängerstreifen zu gehen oder mit dem Auto vor dem Rotlicht zu halten. Korpsgeist ist keine Garantie – den hat die Mafia auch.[226]

122 Compliance als Verhaltenskonzept und als Führungs- und Kontrollinstrument setzt die kritische Auseinandersetzung

---

223 Vgl. VOLKMANN, Gute policey oder Das Recht als Vehikel der Mehrheitsmoral, der als Beispiel nennt: «Verstösst die Zahlung einer Abfindung an ausscheidende Vorstandsmitglieder von ihrer Höhe her gegen den allgemeinen Anstand, soll sie gefälligst auch durch das Recht sanktioniert werden.»

224 Ausführlich HOPT/ROTH, Die Sorgfaltspflicht der Aufsichtsratsmitglieder.

225 FAZ vom 20.3.2008, S. 16 (Strafverfolger im Fadenkreuz).

226 Vgl. Frankfurter Allgemeine Sonntagszeitung vom 27.4.2008, S. 39 (Die grosse Siemens-Familie weint). Die FAZ hat in Zusammenhang mit dem Urteil in Österreichs grösstem Fall von Wirtschaftskriminalität (Prozess um die Gewerkschaftsbank Bawag) von falsch verstandener Loyalität geschrieben, welche «zu einer welpenhaften Hörigkeit des Vorstands und des Aufsichtsrats gegenüber einem autoritären Generaldirektor» geführt habe, Ausgabe vom 5.7.2008, S. 11 (Bestraft).

mit der eigenen Organisation und ihren Werten voraus.[227] Das sind Themen, welche die Unternehmen selber aufgreifen müssen – sonst tun es die politischen Gegner[228] oder es nimmt sich die Politik der Fragen an. Und das führt zu Regulierung.

123 Der Code of Conduct, dessen Einhaltung die Compliance sicherstellen soll, wird im Idealfall nicht als «Vorschrift» begriffen, sondern als lebendiges und hilfreiches Dokument, das jeder Mitarbeiter nicht nur kennt, sondern auch als sinnvoll und richtig anerkennt: Einsicht sollte Vorrang haben vor Kontrolle; Einsicht sollte weiter verhindern, dass ein Code of Conduct als verordnet angesehen wird. Es geht letztlich um die Sicherstellung einer gesamthaft guten Unternehmenssteuerung und -entwicklung.

124 Kontrollen erweisen sich indessen als unerlässlich. Kontrollen bilden primär eine Führungsaufgabe. Compliance sollte im Idealfall nur überprüfen müssen, ob die Kontrollen durchgeführt wurden. Was nicht kontrolliert wird, besteht nicht.

So soll Jérôme Kerviel (JK), der Händler im Fall Sogenal, gemäss psychiatrischem Gutachten nur auf Lob und Anerkennung geachtet und Kritik ausgeblendet haben. Die Abwesenheit von Kontrollen habe er als Genehmigung seines Vorgehens interpretiert.[229] Möglicherweise besteht auch hier der erste Betrug im Selbstbetrug. DORN zitiert in ihrem Beitrag[230]

---

[227] Vgl. dazu LÄNZLINGER, Korruptionsbekämpfung: Compliance auf dem Prüfstand, S. 274 ff.

[228] Vgl. dazu das Interview mit RANDOLF RODENSTOCK, in: DIE ZET vom 30.4.2008, S. 28 (Ich sass selbst schon bei Anne Will).

[229] Le Monde vom 28.6.2008, S. 14 (Le «trader fou» Jérôme Kerviel est jugé psychologiquement équilibré): «Le vécu dominant de JK est la gratification (...) les remontrances, les critiques et les sanctions négatives sont vécues comme quasiment absentes, (...) l'absence de contrôle a été vécue comme une légitimation par rapport aux stratégies qu'il utilisait.»

[230] DORN, Im Sport gibt es kein Reinheitsgebot, in: Die Literarische WELT vom 5.7.2008, S. 1.

den ehemaligen Radprofi und Dopingsünder (Epo-Spritzen) Jörg Jaksche: «Ich wollte aufhören, ich fühlte mich unwohl. Aber mit der Zeit habe ich mich daran gewöhnt. Irgendwann kamen die ersten kleinen Erfolge, du wirst professioneller und siehst vieles nicht mehr (...).»

125 Mangelnde Integrität und unlautere Geschäftspraktiken sind nicht etwa deshalb problematisch, weil sie Reputationsrisiken darstellen oder weil die SEC plötzlich Ermittlungen einleitet.[231] Das wäre eine opportunistische Sicht. Geschäftsintegrität heisst, Entscheide und konkretes Verhalten von der Legitimierbarkeit abhängig zu machen. Das bedarf einer Unternehmenskultur, welche solche Fragen zulässt und den Schutz der Reputation jenseits betriebswirtschaftlicher Ziele zu einer zentralen Aufgabe der Unternehmensführung erklärt.

126 Gerade grosse und international tätige Unternehmen mit ihrer Gestaltungs- und Nachfragemacht tragen diesbezüglich eine besondere Verantwortung. Ihre Position macht es erforderlich, dass sie Fragen des Verhaltens und der institutionellen und organisatorischen Vorkehren Beachtung schenken. Sie sind letztlich nur durch Vertrauen und durch wechselseitige Legitimierungen kontrollierbar.[232] Eine moderne Compliance-

---

[231] Siehe dazu die Aussagen von DIETER ZETSCHE, Daimler-Chef, zitiert in: Süddeutsche Zeitung vom 9./10.2.2008, S. 26: «Wir nehmen das Thema Compliance nicht etwa deshalb ernst, weil wir das Pech hatten, erwischt zu werden. Wir nehmen es ernst, weil das der einzig denkbare Weg ist, um überhaupt Geschäfte zu machen. Wer das anders sieht, kann nicht zu uns gehören. (...) Vergesst die SEC. Ich will ein sauberes Unternehmen.»

[232] Vgl. dazu SCHILTKNECHT, Mehr Wettbewerb, weniger Schmiergelder, Weltwoche Nr. 19.08, S. 19 sowie der Fall Panalpina: Gemäss NZZ am Sonntag vom 4.5.2008, S. 35 (Nigeria-Geschäft war stets Chefsache) untersucht Shell seine Beziehungen zu Panalpina. Panalpina ist weltweit führend bei Fracht- und Zollabwicklungen für die Anlagenbauer der Öl- und Gasindustrie. Den Rahmen dafür setzte das US-Justizministerium mit einer Untersuchung und der Befragung von elf Firmen über ihre Zusammenarbeit mit Panalpina. Es geht um «Erleichterungszahlungen» und «Beschleunigungszahlungen» durch Panalpina in Nigeria, welche mögliche Verletzungen des

Organisation, wozu eine «unmissverständliche Kommunikation klarer Verhaltensregeln» gehört, ist in Grosskonzernen mit Tausenden von Mitarbeitenden das letztlich einzige Instrument, welches in einem gewissen Masse verhindern kann, dass Rechtsverstösse begangen werden.[233] Ergänzend muss man beifügen: Es geht natürlich nicht nur um Rechtsverstösse – Compliance umfasst mehr.

3.5.3 Das Interesse des Publikums an unternehmensinterner Selbstregulierung

127 Es fragt sich, ob das breite Publikum oder speziell Kunden daran interessiert sind, den Code of Conduct der einzelnen Unternehmen und die verschiedenen Bestimmungen zu kennen. Bildet Transparenz darüber ein Instrument um zu prüfen, ob die selbstdeklarierten Leitlinien auch wirklich gelebt werden?[234] Oder zielt das Interesse eher darauf ab zu wissen, dass die Regeln tatsächlich befolgt und allfälligen Zuwiderhandlungen nachgegangen wird? Nach einer Ansicht sollten Unternehmen öffentlich darüber sprechen, dass unethisches Verhalten im Geschäftsleben sich nicht auszahlt. «Wenn wir das nur intern und hinter vorgehaltener Hand täten, würden uns die Mitarbeiter nicht ernst nehmen.»[235]

128 Die eine Seite solcher unternehmensinterner Selbstregulierungen bedeutet erstens, dass die Insider wissen (sollten),

«Foreign Corruption Practises Act» darstellen und für Shell, welche die Dienstleistungen von Panalpina beanspruchte, Bussen und zusätzliche Kosten nach sich ziehen könnten.

[233] Vgl. HOFSTETTER, Korrekturbedürftige Bussen-Exzesse im europäischen Kartellrecht, NZZ vom 29.5.2008, S. 29.

[234] Konzept der verdienten Reputation; vgl. dazu ROTH, Compliance Integrität und Regulierung, S. 24 ff., mit zahlreichen Verweisen. Verdiente Reputation bringt zusätzlichen Respekt.

[235] Interview mit FRED KINDLE, CEO der ABB, SonntagsZeitung vom 26.8.2007, S. 59 (Wir können den Schaden noch nicht abschätzen).

was im Unternehmen zulässig ist und was nicht.[236] Wissensmanagement beinhaltet im normativen Bereich im weitesten Sinne, dass nicht nur beim einzelnen Individuum, sondern kollektiv in der Organisation die Fähigkeiten zur Reflexion einerseits über die Legalität und andererseits über die Legitimität des Handelns vorhanden sind – zusammen mit den entsprechenden Leitplanken. Das ist eine Form organisationeller Intelligenz und bildet eine institutionelle Rückenstütze für den Integren.

129 Zweitens fördert und unterstützt die unternehmensinterne Selbstregulierung die individuelle und unternehmensinterne Selbstkontrolle, welche der externen Kontrolle voranzugehen hat. Was integres Verhalten ist, lässt sich festlegen und wird durch das Gesetz keineswegs abschliessend umschrieben.[237]

130 Drittens schliesslich muss die interne Selbstregulierung tatsächlich als Quelle des Dialogs und der Wertschöpfung verstanden, kommuniziert und gelebt werden – nicht nur als modisches und gerade dem Zeitgeist entsprechendes Accessoire.

131 Die andere Seite ist die, dass in einem kompetitiven Marktumfeld und bei entsprechenden Anreizsystemen einige Menschen versucht sind, Regeln zu umgehen, und dass dies nicht entdeckt oder sanktioniert wird. Das erhöht den Druck auf weniger «erfolgreiche» Kollegen, welche den Regeln korrekt nachleben. Dieser Druck muss ausgeglichen werden durch eine konsequente Führung, welche klar kommuniziert, dass illegales und illegitimes Verhalten nicht geduldet wird. Es gilt auch hier die berühmte Grundregel von WATZLAWICK: Man kann nicht *nicht* kommunizieren; und man kann sich zu-

---

236 Vertiefter: ROTH, Compliance Integrität und Regulierung, S. 55 ff.

237 Vgl. dazu ROTH, Was integres Verhalten ist, lässt sich festlegen, NZZ vom 13.8.2006, S. 17; ROTH, Recht und Moral, HBM Mai 2005, S. 134 ff.; ROTH, Wie managt man Recht und Moral? HBM September 2007, S. 94 ff.

dem nicht *nicht* verhalten, denn all dies hat Mitteilungscharakter.[238] Ein Unternehmen, das sich in Schweigen hüllt, sagt damit, dass diese Dimensionen nicht zählen und daher nicht interessieren. Damit wird klar ausgedrückt, dass das Gesetz, an welches sich jeder halten muss, den Rahmen des legitimen und integren Verhaltens absteckt. Das genügt jedoch nicht: Fragen der Legitimität und der Integrität beantwortet das Gesetz eben gerade nicht abschliessend und teilweise gar nicht.

132 Es ist wichtig, dass bei Verstössen Massnahmen und Sanktionen getroffen werden: Weder die Mitarbeitenden noch das Publikum verstehen und akzeptieren es, wenn bei Einzelnen um ihrer Position willen die Augen zugedrückt werden oder wenn aus Angst vor Publizität Rechtsbrecher geschont werden.[239] Da hat sich ein Wandel in der Wahrnehmung vollzogen. Unternehmen sollen keine «geschützten Werkstätten» für Delinquenten sein. Die Vorstellung, dass Unternehmen geschlossene Systeme sind, trifft nicht zu. Dies vor allem deshalb, weil Transparenz ein sehr positiv besetzter Ausdruck geworden ist.[240] Wer sich darauf beruft und diese Transparenz gewährleistet, ist auf der sichereren Seite.

133 Es dürften zwei Aspekte sein, die das Interesse des Publikums und damit der Kunden an der Unternehmensführung vergrössert haben: Ein wachsendes Bewusstsein für die Bedeutung, Verantwortung und Haftung der Unternehmen[241] sowie die Tatsache, dass viele Manager als «medienwirksame

---

[238] Vgl. WATZLAWICK, Wie wirklich ist die Wirklichkeit?, S. 17.

[239] «Aus Angst vor Publizität Rechtsbrecher geschont», so lautete der Haupttitel eines Beitrags in der Basler Zeitung vom 18.12.2001, S. 17. Es ging darin darum, dass der damalige Bankverein 1990 einen Vizedirektor, der ein nachrichtenloses Konto geplündert hatte, zwar fristlos entlassen hatte. Eine Strafanzeige wurde aus Angst vor negativer Publizität nicht eingereicht – wohl auch im Hinblick auf die Brisanz der nachrichtenlosen Vermögen.

[240] Sehr kritisch dazu DRUEY, Der Informations-Fetischismus.

[241] Vgl. dazu ROTH, Good Corporate Governance, S. 31 ff.

Schauspieler»[242] auftreten. Diese Personalisierung der Unternehmen führt dazu, dass «man» sich dafür begeistert zu wissen, was denn wirklich hinter der Fassade steckt. Und damit wächst das Kontrollbedürfnis des Einzelnen und das Postulat nach Transparenz mithin aus ganz subjektiver Sicht: Es ist eine wachsende Interdependenz, eine intensivere gesellschaftliche Verflechtung[243] zwischen Individuen und der Entwicklung von und in Unternehmen festzustellen, und den wichtigsten Verbindungsstrang dafür bilden Medien und Reputation.

134 Die Erwartungen der Öffentlichkeit an die Integrität von Unternehmen und Mitarbeitenden, von Produkten und Dienstleistungen bilden einen Fremdzwang, der sich aufgrund rechtlicher und regulatorischer Vorgaben und Verantwortlichkeiten sowie Reputationslogiken in einen Selbstzwang verwandelt.[244] Das ist das Spannungsfeld, in dem sich Unternehmen bewegen. Es beschlägt das Thema der Corporate Governance und verlangt nach einer dauernden Selbstreflexion der Unternehmen, was nicht nur im Interesse der Aktionäre, sondern der Allgemeinheit liegt.[245] Nicht nur muss das Verhalten von immer mehr Menschen aufeinander abgestimmt werden, sondern zudem dasjenige von Unternehmen mit Menschen in und ausserhalb des Unternehmenssystems. Nicht nur wird der Einzelne, sondern auch das Unternehmen gezwungen, «sein Verhalten immer differenzierter, immer gleichmässiger und stabiler zu regulieren.»[246] Das erfordert Selbstkontrolle[247] – individuell und institutionell.

---

[242] NZZ vom 29./30.3.2008, S. 21 (Selbstbewusste Aktionäre setzen dem Management zu). Das gipfelt in «publicity»: Die totale Veröffentlichung der Person z.B. in Homestories.

[243] Vgl. dazu ELIAS, Über den Prozess der Zivilisation, S. 324 ff.

[244] Dazu ELIAS, Über den Prozess der Zivilisation, S. 324.

[245] Vgl. SCHMID/SMITH/WALTER, Geschäfts- und Investmentbanken trennen? FuW vom 23.4.2008, S. 28.

[246] ELIAS, Über den Prozess der Zivilisation, S. 327.

[247] Ausführlich dazu ELIAS, Über den Prozess der Zivilisation, S. 329.

135 Die sog. «license to operate» soll auf persönlicher und institutioneller Integrität beruhen.[248] Eine solche schliesst Regulierungsarbitrage aus – ob es nun um interne oder externe Regulierungen geht.[249] Das Wort «Arbitrage» stammt aus dem Lateinischen (*arbitratus*) und bedeutet so viel wie Gutdünken oder freie Wahl/freies Ermessen.

136 Institutionelle Investoren prägen die Corporate Governance Diskussion, welche seit einigen Jahren sowohl auf nationaler wie auf internationaler Ebene stark an Bedeutung gewonnen hat.[250] Heute versteht man darunter «eine verantwortliche, auf langfristige Wertschöpfung ausgerichtete Unternehmensleitung und -kontrolle sowie eine offene und zuverlässige Betriebsführung.»[251] Nach dem Fall UBS und der massgeblichen Arbeit von institutionellen Investoren und deren Vertreter – stellvertretend dafür sei ETHOS genannt[252] –, sind die Fragen der nachhaltigen Unternehmensführung noch stärker in den Fokus einer breiteren Öffentlichkeit gerückt.

137 Persönliche und institutionelle Integrität lassen sich in Unternehmen mit umfassenden Compliance-Konzepten verankern und zu einem gewissen Teil absichern; neben dem gesetzlichen Rahmen braucht es Rules bzw. Codes of Conduct, welche kompromisslos und verbindlich vorgelebt werden.[253]

---

248 Vgl. dazu auch PAINE ET AL., Up to Code, HBR Dezember 2005, S. 123.

249 Vgl. DE ROTHSCHILD, Ethical standards must be restored in finance, FT vom 9.5.2008, S. 11: «Ethics is not only a question of acting correctly. It is a matter of not trying to avoid regulation even one thinks one get away with it.»

250 Vgl. LANDOLF/HÄFELIN/IMARK, Möglichkeiten und Grenzen der Steuerplanung im Unternehmen, S. 104 sowie speziell S. 106.

251 LANDOLF/HÄFELIN/IMARK, Möglichkeiten und Grenzen der Steuerplanung im Unternehmen, S. 104, mit Verweisen.

252 Vgl. www.ethosfund.ch.

253 Vgl. dazu KISTLER, «Ethical Culture» als Bestandteil der Corporate Governance, S. 318: «... es wird verlangt werden müssen, dass jeder einzelne Mitarbeiter eines Unternehmens ethisches Verhalten bzw. Integrität als Teil

KISTLER bezeichnet es als «zwingend notwendig, dass ein gewisser legislativer Druck in Bezug auf die Umsetzung von Integrität besteht.»[254]

138 Awareness-Programme braucht es, aber sie nützen nichts, wenn *top down* der Schlendrian im Umgang mit entsprechenden Vorgaben zur Norm erhoben und das Motto «man darf sich bloss nicht erwischen lassen» als Zeichen von Intelligenz interpretiert wird. Das hat Einfluss auf die Wahrnehmung und Gestaltung der internen Kontrollsysteme.[255]

139 Die eigene Moral der Mitarbeitenden ist von der ihrer Vorgesetzten und Kollegen abhängig. «Die meisten Menschen handeln eher moralisch, wenn auch ihre Mitmenschen moralisch handeln.»[256] Das prägt die Atmosphäre im Unternehmen. Und es liegt auf der Hand, dass die Vorgesetzten diesbezüglich stärker exponiert sind – auch in der Öffentlichkeit.

---

der Unternehmensphilosophie verinnerlicht und dies auch durch das (Top-) Management gefördert wird.»

[254] KISTLER, «Ethical Culture» als Bestandteil der Corporate Governance, S. 318.

[255] Vgl. Süddeutsche Zeitung vom 5./6.4.2008, S. 25 (Zeuge belastet frühere Siemens-Spitze schwer) sowie Süddeutsche Zeitung vom 8./9.12.2007, S. 25 (Schlüsselfigur bei Siemens packt aus). DER SPIEGEL 16/2008 S. 76 ff. (Die Firma) spricht von einem «monströsen» Verfahren und umschreibt das Bild wie folgt (S. 78): «Eine ehrenwerte Gesellschaft auf Aktienrecht. Oben die alte Führung, eine Herrenrunde mit besten Beziehungen in Politik, Justiz und Geheimdiensten, die gesellschaftliche Verantwortung gelobt und dafür höchsten Respekt geniesst. Und darunter der Apparat, der, in weiten Teilen gedeckt von der Führung nach ganz anderen Regeln arbeitet, sich über das Gesetz stellt, in seiner eigenen Welt lebt. Einer Welt, in der es oftmals nicht danach geht, was Recht ist, sondern was Siemens recht ist.»

[256] WEIBEL/OSTERLOH, Gut gemachte Kontrolle, ALPHA vom 15./16.3.2008, S. 1.

3.6 Kontrollumfeld

140 Das Kontrollumfeld wird vom Führungspersonal gestaltet und geprägt.[257] Der Umgang mit Risiken und die Haltung insgesamt Risiken gegenüber kann sehr verschieden sein und wird durch den *tone at the top* massgeblich beeinflusst: Die Senior Supervisors Group hat vier verschiedene Ansätze von Seiten der Führung erkannt:

«- the balance that each firm's senior management in general achieved between its desire to do business and its appetite for risk as reflected in the tone set for developing or enforcing controls on the resulting risks:
- the role that senior management in particular played in identifying and understanding material risks and acting on that understanding to mitigate excessive risks;
- the efforts that senior management undertook to surmount organizational structures that tended to delay, divert, or distort the flow of information up the management chain of the firm; and
- the breadth and depth of cross-disciplinary discussions and communication of insight into relevant risks across the firm.»[258]

---

[257] Siehe dazu ROTH, Good Corporate Governance, S. 93 ff., mit zahlreichen Verweisen. Grundlegend insb. OSTERLOH/WEIBEL, Investition Vertrauen, Prozesse der Vertrauensentwicklung in Organisationen, S. 185 ff. HARTZ, Macht und Ohnmacht, S. 306 f., beschreibt seine Fehler wie folgt: «Ich habe zu wenig über meine Macht nachgedacht. Deswegen habe ich Kompetenzen überschritten. (...) Macht verführt zu Missbrauch. Ich habe ferner zu wenig über Kontrolle nachgedacht. Ich habe Kontrollen abgelehnt, weil ich sie immer nur als Beweis eines Misstrauens gesehen habe. Dass Kontrolle auch eine Frage der Sorgsamkeit ist, habe ich ausser Acht gelassen. Und noch ein Drittes: Ich habe immer nur über Leistung nachgedacht, habe auf Ergebnisse geschaut und darauf, wie sich die Produktivität weiter steigern lässt. Über die Strukturen, unter denen diese Ergebnisse zustande kamen, habe ich ebenfalls zu wenig nachgedacht.»

[258] SENIOR SUPERVISORS GROUP, Observations on Risk Management Practises during the Recent Market Turbulence, S. 7.

141 Die wichtigste Dimension ist die «governance on the front lines.»[259]

142 Die Untersuchungen im Fall Kerviel/Société Générale haben fünf Gründe ergeben, welche ausschlaggebend dafür waren, dass die Spekulationen des Traders unentdeckt blieben. Vier davon betreffen klarerweise das Führungsverhalten.

PRICEWATERHOUSECOOPERS nannte:

1. Der direkte Vorgesetzte hatte die Bank verlassen und es gab keinen Ersatz, sodass es keine eigentliche Führung gab;
2. später gab es durch den neuen Vorgesetzten nur eine ungenügende Aufsicht und dieser neue, unerfahrene Manager seinerseits wurde von seinem Vorgesetzten nur mangelhaft unterstützt und angeleitet;
3. der unmittelbare Vorgesetzte von Jérôme Kerviel tolerierte seinerseits das unzulässige Vorgehen;
4. eintreffende Meldungen (*alerts*) blieben unbeachtet und erzeugten keinerlei Reaktionen.[260]

143 Es steht fest, dass unternehmensinterne Regelungen von multinationalen Unternehmen Vorreiter für global geltende Standards waren.[261] Heute sind eher internationale Standardsetter wie NGO, Branchengruppierungen und intragouvernementale Organisationen treibend und bestimmend.

259 HEINEMAN, Avoiding Integrity Land Mines, HBR April 2007, S. 108.
260 Vgl. FT vom 24.5.2008, S. 11 (SocGen line managers faulted).
261 Vgl. ROTH, Soft Law, S. 13 ff.

3.7 Integritätsstrategie und Integritätsinfrastruktur

144 Jedes Unternehmen muss seinen eigenen Weg gehen: Branche, Produkte, Dienstleitungen, spezielle Regulierungen, Anforderungen der prudentiellen Aufsicht, Unternehmensgeschichte sowie Führungspersonen beeinflussen diesen massgeblich.[262]

145 Es gibt indessen unerlässliche und allgemeingültige Rahmenbedingungen, damit Corporate Governance Themen wie Compliance direkt in die Wertschöpfung integriert werden. Es braucht eine Integritätsstrategie und eine Integritätsinfrastruktur. HEINEMAN[263] schreibt von einer «integrity factory» und meint mit dem Begriff Integritätsinfrastruktur: «Developing rigorous systems and processes to prevent, detect, and respond.»

146 Zur Integritätsstrategie zählen:[264]

- die massgeblichen Werte sind sinnvoll und werden klar kommuniziert;
- das Führungspersonal engagiert sich persönlich, glaubwürdig und setzt selbst um, was es fordert;
- die Werte sind in die täglichen Entscheide integriert und beziehen sich auf die für das einzelne Unternehmen kritischen Aktivitäten;
- die unternehmensinternen Systeme und Strukturen unterstützen und verstärken die Umsetzung der Werte;

---

[262] Vgl. PAINE, Managing for Organizational Integrity, HBR März-April 1994, S. 112.

[263] HEINEMAN, High Performance with High Integrity, S. 39.

[264] Gemäss PAINE, Managing for Organizational Integrity, HBR März-April 1994, S. 112.

- das Management hat die Fähigkeiten, das Wissen und die Kompetenzen, welche erforderlich sind, um in Alltagsgeschäften integer zu entscheiden. PAINE[265] spricht von «mental equipement».

147 Schliesslich gehören eine offene Gesprächskultur, aktive und passive Kritikfähigkeit sowie Charakterstärke dazu. Wer bloss nach Akzeptanz schielt, kann nicht integer handeln.

3.8 Fazit

148 Was bringt diese Selbstregulierung den Unternehmen selbst? Schon aus der Übersetzung der lateinischen «reputatio» (Berechnung, Abrechnung, Erwägung) lässt sich der Zusammenhang zu «Berechenbarkeit» herstellen. Berechenbarkeit ist Voraussetzung für das Vorhandensein und den Aufbau von Reputation sowie Basis jeder Risikopolitik. Gemäss NOBEL[266] schafft Regulierung Berechenbarkeit, und Berechenbarkeit ist die Basis der Risikopolitik. Diese Aussage gilt auch für interne Regulierungen. Dass solche geschaffen, vermittelt, vorgelebt und durchgesetzt werden, gehört zur Führung, die darüber Transparenz sicherstellt. «Wer sie als blosses Lippenbekenntnis versteht, kann ein böses Erwachen erleben, denn er könnte beim Wort genommen werden.»[267]

149 Die Unternehmen erfüllen den Mitarbeitenden gegenüber ihre Fürsorgepflicht. Information und Ausbildung sowie der Dia-

---

[265] PAINE, Managing for Organizational Integrity, HBR März-April 1994, S. 112. HEINEMAN, High Performance with High Integrity, S. 26, sieht als vorrangige Pflichten des Management: «Create the sytsems and processes» und «Create the Culture».

[266] NOBEL, Kolloquium «Was heisst Risikopolitik», in: Aktuelle Rechtsprobleme des Finanz- und Börsenplatzes Schweiz, S. 101.

[267] FORSTMOSER, Wirtschaftsrecht im Wandel, S. 7.

log zu ethischen Standards im Berufsumfeld sind Bestandteil derselben. Dies nicht nur zum Schutz des Unternehmens, sondern auch des Einzelnen. Letztere werden in die Lage versetzt, ihre Eigenverantwortung wirklich wahrzunehmen. Es geht dabei um einen Aspekt dessen, was der deutsche Bundespräsident HORST KÖHLER bezeichnet hat als zukunftsfähigen «Kapitalismus, der bereit ist, sich in Verantwortung zu binden.»[268] HEINEMAN bezeichnet als «the two fundamental goals of contemporary capitalism: high performance with high integrity.»[269]

150 Es sei daran erinnert, dass die Mitarbeitenden im Namen und auf Rechnung des Unternehmens handeln und dabei Repräsentanten der Unternehmenswerte sind – im Handeln wie im Unterlassen. Dies ist ein weiteres Argument dafür, dass interne Regulierungen und Bekenntnisse zu gelebten Werten relevant sind. Sie bilden die Basis des Meta-Wissens um die Natur und Verbindlichkeit von geschriebenen und ungeschriebenen Regeln und dem Umgang mit solchen im Graubereich.[270] «But many mixed business-integrity issues are gray.»[271]

151 Dabei geht es thematisch nicht nur um die Gier nach Geld, die so oft genannt wird.[272] Eine grosse Herausforderung bildet die Angst der Mitarbeitenden vor Stellenverlust, vor Gesichtsverlust und Retorsionen bei Kritik. Diese Ängste werden durch glaubhafte, klare und transparente Regelungen und ihre Umsetzung vermindert. Sie schaffen eine Vertrauensba-

---

268 Interview in: Stern 21/2008, S. 43 (Die Finanzmärkte sind zu einem Monster geworden).

269 HEINEMAN, Caught in the Middle.

270 Vgl. WATZLAWICK ET AL., Menschliche Kommunikation, S. 53 ff.

271 HEINEMAN, Caught in the Middle.

272 Vgl. z.B. in COHAN, The Last Tycoons, das Kapitel «The Cancer Is Greed», S. 242 ff. Gier und dominantes Streben nach Eigennutz verhindern Unabhängigkeit, vgl. Interview mit dem Nobelpreisträger PAUL SAMUELSON in: DIE ZEIT vom 10.7.2008, S. 21 (Heute sind alle ständig nervös).

sis, welche dadurch gebildet wird, dass nicht nur die strategischen Vorstellungen von Verwaltungsrat und Geschäftsleitung bekannt sind, sondern eben auch deren normative Ideen.[273] Das muss sich im Verhalten dieser Organe widerspiegeln. In einem kritischen Dialog müssen sodann Fragen und Probleme aufgenommen und beantwortet bzw. gelöst werden können.[274] Dieser Dialog ist unterstützend für das Individuum und die Organisation insgesamt, bildet von der Organisation her ein Zeichen von Wertschätzung und Respekt für den Mitarbeitenden und lässt diesen mit solchen Fragen nicht allein. HEINEMAN[275] geht so weit, dass die Mitarbeitenden im Sinne einer Pflichterfüllung (*duty*) ihre Beobachtungen und Zweifel über Verhaltensweisen mitteilen müssen: Diesbezügliche Unterlassungen sollen mit Sanktionen bedroht sein.

152 Denn: «Wir setzen uns selbst mehr unter Druck. Jeder denkt, mehr leisten und sich selbst verwirklichen zu müssen. Selbständigkeit ist gefragt. Doch der Mensch ist nicht geschaffen, immer nur selbständig zu sein. Wir sind auch abhängig von anderen Menschen. Zudem sind Werte weggefallen, die für viele Menschen wichtig sind, beispielsweise der Grundsatz,

---

[273] Gemäss Art. 716a des schweizerischen OR bildet die Oberverantwortung für Compliance eine der unübertragbaren bzw. unentziehbaren Aufgaben des Verwaltungsrates. In Deutschland fällt die Compliance in die Leistungsverantwortung des Vorstandes nach § 76 AktG. Deutschland kennt ein zweistufiges System mit Vorstand und Aufsichtsrat, wohingegen die Schweiz den Verwaltungsrat kennt, welcher aber nicht ohne weiteres mit dem Aufsichtsrat gleichgesetzt werden kann. Vgl. dazu ausführlich HOPT, Erwartungen an den Verwaltungsrat in Aktiengesellschaften und Banken – Bemerkungen aus deutscher und europäischer Sicht, SZW 3/2008, insbes. S. 238.

[274] Vgl. ISELI, Führungsorganisation im Aktien-, Banken- und Versicherungsrecht, S. 106. Siehe auch HEINEMAN, High Performance with High Integrity, S. 86: statt «culture of silence» soll den Mitarbeitenden «voice» gegeben werden.

[275] Vgl. HEINEMAN, Caught in the Middle sowie HEINEMAN, High Performance with High Integrity, S. 88 f., zu den weiteren Erfordernissen, damit ein effektives System besteht, welches den Meldungen über «concerns» nachgeht.

dass Treue am Arbeitsplatz belohnt wird. Diese Entwicklung kann einen überfordern.»[276]

153 Unternehmensinterne Regeln bilden veränderungswirksame Mittel, welche als Vehikel dazu dienen, den Wissenstransfer und den Dialog über *Do's and Dont's* zu pflegen.

154 Führung wird von aussen wahrgenommen – spätestens dann, wenn sie versagt hat.[277] Das zeigen beispielhaft die Diskussionen um Siemens und die Rolle des ehemaligen Vorstandsvorsitzenden Heinrich von Pierer.[278] Eine klare Haltung kann sehr positiv und ein gutes Vorbild viel nachhaltiger wirken als die beste Imagebroschüre.[279]

155 Im Finanzbereich insgesamt kommen zu den allgemeinen Faktoren, die für alle Unternehmen gelten, noch folgende dazu: Es besteht ein Gegensatz zur totalen Veräusserlichung, von der die Branche zum Teil getrieben ist, und dem Anspruch darauf, einen engen Kontakt mit dem Kunden zu haben und eigentlich – vertreten durch ausgewählte Mitarbeiter – so zu sein wie alle.[280] Die Konsequenz ist, dass die Moral

---

276 DANIEL HELL, ärztlicher Direktor der Psychiatrischen Universitätsklinik Zürich, in einem Interview in: NZZ am Sonntag vom 29.6.2008, S. 21 (Die Depression macht Karriere).

277 Vgl. HARTZ, Macht und Ohnmacht, S. 264 ff.

278 Vgl. dazu «Ihr Schweigen irritiert», offener Brief eines ratlosen Beobachters an den ehemaligen Vorstandsvorsitzenden von Siemens, von Dietmar H. Lamparter, in: DIE ZEIT, 24.1.2008, S. 24 und dort zitiert Josef Ackermann, Chef der Deutschen Bank und Verwaltungsrat von Siemens: «Wenn in der Deutschen Bank systematisch solche Dinge aufbrechen würden, würde ich morgen zurücktreten. Denn entweder war ich Teil davon, dann gehöre ich sowieso weg, oder ich habe es nicht gewusst, dann habe ich nicht geführt.» Ähnlich PETER LÖSCHER, der neue Vorstandsvorsitzende von Siemens: «Ich persönlich empfinde Verantwortung für alles, was hier geschieht. So einfach ist das», zitiert in: «Die verlorene Ehre des Heinrich von Pierer», Frankfurter Allgemeine Sonntagszeitung vom 20.4.2008, S. 38.

279 Vgl. VON METZLER, Wir müssen Haltung zeigen, WELT am Sonntag vom 11.11.2007, S. 28.

280 Vgl. die Kampagne der UBS «You and Us».

von Unternehmen im Finanzbereich enger mit der Qualität der Dienstleistungen verbunden ist als in andern Sektoren der Wirtschaft. Das hängt weiter zusammen mit der Langlebigkeit der Beziehungen (meine Bank, meine Versicherung). Diese Identifikation birgt Risiken in sich, weil die Empörung und Enttäuschung umso grösser sind, wenn moralisches Versagen an den Tag tritt.

156 Daher sind über das Gesetz hinausgehende unternehmensinterne Regelungen, welche Instrumente und Bestandteile einer Unternehmenskultur sind, Träger von grossen Chancen:

- Einheitliche Wertvorstellungen bei den Mitarbeitenden;
- verstärkte Kooperationsbereitschaft;
- Dialog- bzw. Diskursfähigkeit;
- Konstanz und Qualität von Beziehungen und Dienstleistungen;
- Selbstbewusstsein und gute Atmosphäre;
- Ausstrahlung auf andere Marktteilnehmer und Stakeholders;
- Immunität gegen schädliches oder gar wirtschaftskriminelles Verhalten im Geschäft;
- Beitrag zur Deregulierung.

157 Zusammenfassend sind unternehmensinterne Regelungen über die legalistische Betrachtung hinaus heute unerlässlich. Sie prägen die Kultur und die Reputation nach innen und aussen. Reputation bildet dabei einen unersetzlichen Wertschöpfungsfaktor; sie macht zukunftsfähig. Sie allein genügt nicht für das Überleben eines Unternehmens, aber ohne eine gute Reputation nützt alles andere nichts.

Und für international auftretende Unternehmen stellt sich im Hinblick auf einen Code of Conduct nicht mehr die Frage des ob, sonder nur die des wie. Verschiedene Standardsetter geben Antworten dazu.[281]

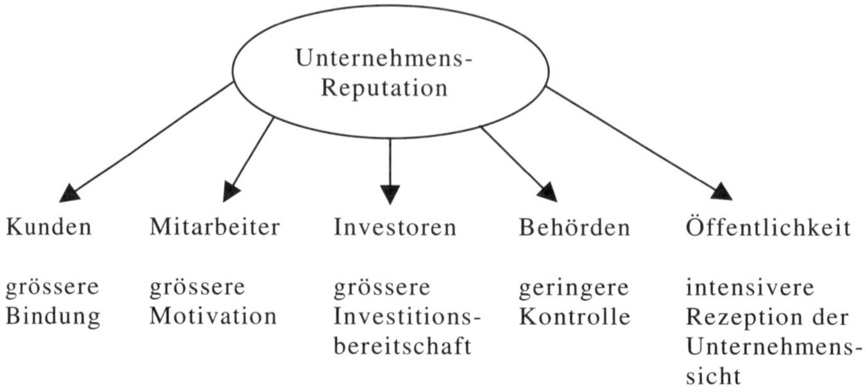

Abb. 3: Reputation – Ein unersetzlicher Wertschöpfungsfaktor[282]

[281] Vgl. PAINE ET AL., Up to Code, HBR Dezember 2005, S. 126 ff.

[282] Nach EISENEGGER, Folie 9 im Handout Reputation in der Mediengesellschaft.

4. STANDORTFAKTOREN

4.1 Allgemeine Bemerkungen

158 Die Schweiz als Tourismusdestination ist weltbekannt und zieht jährlich scharenweise Touristen an. Angesichts des Erfolgs des Tourismus drängt sich die Frage auf, weshalb die Schweiz eine derartige Ausstrahlungskraft hat.[283] Mehrere Gründe können genannt werden: Kulturelle Diversität auf engstem Raum, prächtige Berge und schneebedeckte Alpengipfel, Sauberkeit und Verlässlichkeit der dichten Verkehrs-Infrastruktur, ein hoch stehendes Dienstleistungsbewusstsein der Schweizerinnen und Schweizer usw. Aber nicht nur für Freizeittouristen, sondern auch für Geschäftsleute ist die Schweiz ein wichtiges Zielland.[284]

4.2 Die drei Ebenen der Standortfaktoren

159 Für den Erfolg eines Unternehmens oder einer Branche sind mehrere (Standort-)Faktoren entscheidend. Dies trifft auch für den Finanzbereich zu. Wenn hier von Standortfaktoren gesprochen wird, gilt es folgende Unterscheidung zu beachten: Einerseits kann sich ein Standortentscheid auf die Niederlassung eines Unternehmens beziehen. Wenn ein finanzkräftiger Unternehmer beispielsweise ein Finanzinstitut gründen will, stellt sich die Frage, in welchem Land er sein Institut ansiedelt. Sobald das Unternehmen gegründet ist und die

---

[283] Gemäss Studie des WELTWIRTSCHAFTSFORUMS, Travel and Tourismus Competitiveness Report, S. 324, wird der Schweizer Tourismusbranche eine sehr grosse Wettbewerbsfähigkeit attestiert und der erste Platz zugewiesen.

[284] Vgl. NZZ vom 5.3.2008, S. 23 (Wettbewerbsstarker Schweizer Tourismus).

operative Tätigkeit aufnimmt, stellt sich andererseits die Standortfrage für konkrete Produkte: Soll der oben erwähnte Unternehmer seine Dienstleistung oder sein Produkt in der Schweiz installieren oder soll sie bzw. es im Fürstentum Liechtenstein aufsetzen? Diese Frage wiederum ist von den Standortvorteilen für die einzelnen Kunden abhängig, die sich ebenfalls überlegen, wo sie ihre Produkte und Dienstleistungen beziehen wollen.

Zusammenfassend gibt es drei Ebenen von Standortfaktoren:

- Unternehmensebene,
- Produkte- und Dienstleistungsebene,
- Kundenebene.

Zu beachten ist, dass sich diese drei Ebenen im Einzelfall gegenseitig beeinflussen und vielseitige Interdependenzen bestehen.

160 Zunächst soll ein grober, systematischer Überblick über die allgemeinen Standortfaktoren dargestellt werden, der jedoch keinen Anspruch auf Vollständigkeit erhebt. Darauf basierend werden sodann die Eigenheiten der Standortfaktoren für den Finanzbereich näher beleuchtet. Ferner konzentriert sich der allgemeine Teil auf die Facetten der Unternehmensebene. Die produkt- und kundenspezifischen Faktoren werden danach bei der finanzbereichspezifischen Betrachtung mit konkreten Beispielen aus der Finanzwelt abgehandelt.[285]

[285] Siehe hinten Ziff. 4.6 (Rz 215 ff.) und Ziff. 4.7 (Rz 225 ff.).

4.3 Allgemeine Standortfaktoren

161 Nachfolgend werden die unterschiedlichen Kategorien von Standortfaktoren aufgeschlüsselt und die Kriterien bei der Wahl des Standortes erläutert.[286]

4.3.1 Arbeitskräfte

162 Arbeitskräfte sind vor allem bei «arbeitsintensiven» Produktionen und Dienstleistungen massgebend, machen doch hier die Löhne und die Lohnnebenkosten einen grossen Teil der Betriebskosten aus. Dies führt dazu, dass sich Unternehmen mit einem hohen Anteil an Routinearbeiten (z.B. die Textilindustrie oder die vorerwähnte Firma Nokia) in Billiglohnländern niederlassen. In der Schweiz hingegen sind die Arbeitskräfte verhältnismässig teuer, dafür aber gut ausgebildet und hoch qualifiziert.[287]

4.3.2 Material und Rohstoffe

163 Unternehmen, die für ihre Tätigkeit Rohstoffe benötigen, lassen sich soweit möglich in der Nähe der Rohstoffquelle nieder, damit hohe Materialtransportkosten vermieden wer-

---

[286] Vgl. ATTESLANDER ET AL., Wirtschaft und Recht, S. 136 f.

[287] Zum Finanzplatz siehe insb. Ziff. 4.5.8 (Rz 206 ff.). Vgl. für die Tourismusbranche die Studie des WELTWIRTSCHAFTSFORUMS, Travel and Tourismus Competitiveness Report, S. 324. Vgl. dazu NZZ vom 27.3.2008, S. 51 (Ein neues Nervenzentrum für die weltweite Finanzindustrie). Beim Standortentscheid der Swift wurde das gute Ausbildungsniveau als ausschlaggebend ausgewiesen. Vgl. ferner für den Erfolg der Genferseeregion BAUER, Der diskrete Charme des Lac Léman, NZZ vom 9.5.2008, S. 29, wonach gut ausgebildete Fachkräfte wesentlich sind; JAEGER/GÜSSOW, Beschreibung der staatlichen Rahmenbedingungen des Standortes Schweiz, S. 216.

den können.[288] Warenhersteller suchen meist die Nähe zu den Absatzmärkten.[289] Dies gilt jedoch nicht für die Händler der entsprechenden Rohstoffe: Denn nur so lässt sich nachvollziehen, dass sich die Schweiz mit den Handelszentren Genf, Zug und Winterthur als rohstoffarmes Binnenland zu einer der weltweit wichtigsten Handelsplattformen für Rohstoffe entwickelt hat.[290]

4.3.3 Lage und Verkehr

164 Eine geeignete Lage und eine ausgebaute und dichte Verkehrsinfrastruktur sind einerseits für die Beschaffung der Rohstoffe und andererseits für die Bedienung der Absatzmärkte von eminenter Wichtigkeit.[291] Ferner kommt immer mehr die rasche Erreichbarkeit von Geschäftssitzen in dem

[288] Vgl. beispielsweise das Betonherstellungswerk, das vorzugsweise in der Nähe einer natürlichen Schottergrube erstellt wird.

[289] Dies ist nun jedoch ein Bereich, der in den letzten Jahren nicht mehr so stark gewichtet wird. Ein klassisches Beispiel ist das Rohfleisch, das von den Niederlanden durch die Schweiz nach Parma transportiert, dort verarbeitet und anschliessend als Parmaschinken in die Niederlanden zurückgeführt und dort vertrieben wird.

[290] Vgl. TANNER/HELLER, Die Schweiz als Rohstoffhandels-Drehscheibe, NZZ vom 27.2.2007, S. 23, wonach sich der Handelsplatz Schweiz nicht zuletzt aufgrund der klassischen Standortfaktoren des eidgenössischen Finanzplatzes so entwickeln konnte. Als Faktoren werden genannt: Vergleichsweise tiefe Steuern, zentrale Lage, gute Infrastruktur, die Anbindung ans Ausland, offener Arbeitsmarkt, Verfügbarkeit von vielen gut ausgebildeten Fachkräften sowie die politische Stabilität. Vgl. auch SWISS FINANCIAL CENTER WATCH, Portrait des Finanzplatzes Schweiz, S. 18; WERTPAPIERWELT, Tradition und Innovation, Schweizer Wirtschaftsgeschichte auf Wertpapieren, S. 7.

[291] Vgl. BAUER, Der diskrete Charme des Lac Léman, NZZ vom 9.5.2008, S. 29, wonach gemäss einem Unternehmensberater für Trader und Banker auch die europäische Zeitzone sich als ein besonderer Vorteil darstellt, weil man am Morgen mit Asien und am Nachmittag mit Amerika in Kontakt treten könne. Gemäss WELTWIRTSCHAFTSFORUM, Global Competitiveness Report, S. 323, verfügt die Schweiz über eine ausgezeichnete Infrastruktur und belegt den ersten Rang.

Sinne zum Tragen, dass sich die Kunden an Orten niederlassen, die beispielsweise von den Flughäfen Kloten oder Genf schnell erreichbar sind. Schliesslich ist die hohe Lebensqualität einer Region ein nicht zu unterschätzender Faktor.[292]

4.3.4 Boden und Liegenschaftsmarkt

165 Die Schweiz ist ein kleines Land mit knappen Raumverhältnissen und relativ hohen Boden- und Liegenschaftspreisen. Expansionsbestrebungen der Handels- und Produktionsunternehmen bedingen oft einen Wechsel des Standortes. Aber gerade bei Dienstleistungsunternehmen kann der Platz für Büroerweiterungen beschränkt sein und somit den Wegzug an einen anderen Standort erforderlich machen.

4.3.5 Nähe zum Kunden

166 Die Nähe zum Kunden ist ein wichtiger Faktor für den besten Kundenservice. Gleichzeitig werden dadurch in den meisten Fällen die Transaktionskosten verringert.[293] Damit verbunden ist eine andere wichtige Frage, nämlich wie die Unternehmung im Einzelfall ihre Vertriebsnetze und Niederlassungen positioniert.

---

[292] Vgl. BAUER, Der diskrete Charme des Lac Léman, NZZ vom 9.5.2008, S. 29, wonach ein Konzernleitungsmitglied des in der Rhônestadt ansässigen Luxushoteliers Kempinsky auch das spezielle Flair Genfs erwähnt und dass man den «deutschen Mief» hinter sich lassen wollte, als die Hotelkette neu positioniert wurde.

[293] BAUER, Der diskrete Charme des Lac Léman, NZZ vom 9.5.2008, S. 29, führt die Uhrenindustrie Genfs als Beispiel an. Danach werden Uhren nicht nur in Genf und Umgebung hergestellt, sondern dort vor allem auch einem kaufkräftigen internationalen Publikum angeboten. Der Ort dient somit auch als Exportzentrum. Gemäss BAUER laufen mehr als ein Drittel der Schweizer Uhrenexporte über die Rhônestadt.

4.3.6 Umwelt

167 Die Einstellung der Unternehmen hat sich in den letzten Jahren stark verändert und der Faktor Umwelt wird vermehrt berücksichtigt. Denn einerseits haben neue Normen die Unternehmen zu Verbesserungen gezwungen und andererseits müssen sie aus Imagegründen verstärkt Rücksicht auf die öffentliche Meinung nehmen. Überdies wird immer mehr die Nachhaltigkeit betont und der sorgsame Umgang mit unseren Ressourcen verlangt. Die Umwelt ist insoweit als Standortfaktor zu betrachten, als sich Unternehmen in Ländern niederlassen, die über eine umweltfreundliche Infrastruktur und damit einhergehend eine positive Reputation verfügen.

4.3.7 Steuern und Abgaben

168 Tiefe Steuersätze und ein einfaches – und somit relativ günstiges – Erhebungsprozedere sind für Unternehmen sehr attraktiv. Darüber hinaus gewähren die Staaten bzw. die Kantone teilweise Steuererlass für die ersten Jahre, um einen Anreiz[294] zu schaffen, dass sich die begünstigten Unternehmen in der jeweiligen Region niederlassen.[295] Schliesslich sind, wie unten noch zu zeigen sein wird, die Einkommenssteuern der Mitarbeitenden relevant.[296]

---

294 Für die steuerlichen Anreize siehe hinten Ziff. 5.4 (Rz 245 ff.).

295 Vgl. beispielsweise Art. 23 Abs. 3 Steuerharmonisierungsgesetz als Grundlage für sog. «tax holidays» auf Ebene Kanton und Gemeinde. Auf Bundesebene ist die «Lex Bonny» zu beachten, wonach Steuererleichterungen bei der direkten Bundessteuer zu Gunsten von wirtschaftlichen Erneuerungsgebieten gewährt werden. Vgl. zum Ganzen GEHRIGER/RETTIG, Steuerwettbewerb – Schweizer Steuersystem weiterhin kompetitiv, ST 2007, S. 679 f.

296 Siehe hinten Ziff. 5.1.5 (Rz 238). Vgl. auch BAUER, Der diskrete Charme des Lac Léman, NZZ vom 9.5.2008, S. 29, wonach gemäss Wirtschaftsförderer PASCHE niedrige Steuersätze und lokale fiskalische Anreize eine Rolle spielen. PASCHE ist jedoch auch der Ansicht, dass steuerliche Anreize in der Zukunft immer mehr in den Hintergrund treten werden.

4.3.8 Politische Stabilität

169 Eine wirtschaftsfreundliche Gesetzgebung gilt als wichtiger Standortfaktor. Ebenso wichtig ist die politische Stabilität eines Landes, damit sich Unternehmen nicht vor übereilten Gesetzesänderungen bedroht fühlen.[297]

4.3.9 Sicherheit

170 Das Thema Terrorismus ist zurzeit omnipräsent, weshalb die Sicherheit ein dominierender Faktor war, ist und auch bleiben wird. Berücksichtigt werden muss daneben ebenso die Sicherheit der Mitarbeitenden: Gibt es viele Überfälle oder Verkehrsunfälle im Umfeld eines Standortes?[298] Wie hoch ist die jährliche Verbrechensrate? Gibt es eine glaubwürdige, präsente und konsequent durchgreifende Polizei und Justiz?[299]

---

[297] Vgl. MOECKLI, Politische Stabilität als Standortvorteil, NZZ vom 6.12.2008, S. 17, der die politische Stabilität als grössten Standortvorteil der Schweiz bezeichnet. Vgl. NZZ vom 11.3.2008, S. 23 (Verunsicherung nach Wahl in Malaysia), welche die Situation in Malaysia beschreibt, nachdem die Opposition bei den Wahlen stark zulegte und so den traditionellen Machtanspruch der bisherigen Regierungskoalition in Frage stellt. Danach ist die Börse um fast 10% eingebrochen, was implizieren könnte, dass die politische Stabilität und damit einhergehend die wirtschaftspolitische Berechenbarkeit des Landes zu Ende gehen könnte. Vgl. ferner MÜLLER, Steuerstandort Schweiz im Fokus der Global Players – Auch nichtsteuerliche Faktoren sind für die Standortwahl von Bedeutung, FuW vom 26.9.2007, S. 25.

[298] Z.B. verfügt die Isle of Man über die tiefste Kriminalitätsrate in Europa, was für die dort Beschäftigten Sicherheit bedeutet. Vgl. dazu SEVERIN, Isle of Man boomt mit cleverer Nischenstrategie, NZZ vom 14.5.2008, S. 29.

[299] Vgl. zum Punkt Sicherheit die Studie des WELTWIRTSCHAFTSFORUMS, Travel and Tourismus Competitiveness Report, S. 389 ff.; WELTWIRTSCHAFTSFORUM, Global Competitiveness Report, S. 322.

4.3.10 Rechtssystem

171 Ein verlässliches Rechtssystem und damit einhergehend die Rechtssicherheit in einem Staat sind für die Planung massgebend. In der heutigen globalisierten Welt zählt jedoch für Unternehmen zunehmend Flexibilität, was die rasche Anpassung von gesetzlichen Rahmenbedingungen mitumfasst. Nur ein Rechtssystem, dass eine fortlaufende Angleichung an internationale Entwicklungen ermöglicht, kann konkurrenzfähig bleiben.[300] Hier sind einfache administrative Abläufe als nicht unwesentlicher Faktor zu berücksichtigen.[301]

4.3.11 Grundversorgung und Infrastruktur

172 Die Grundversorgung (z.B. Strom, Wasser, Kanalisation, Strassennetz, öffentlicher Verkehr, Kommunikationsnetze u.v.m.) muss viele Bereiche einer Unternehmung abdecken und ist oft ein Grundpfeiler für den Aufbau eines Unternehmens.[302] Die stabile Stromversorgung wurde beispielsweise

[300] Vgl. NZZ vom 15.5.2008, S. 21 (Trotz Schwächen sehr wettbewerbsfähige USA), wonach Japan bei der Studie des LAUSANNER MANAGEMENT-INSTITUTS unter anderem durch den vorhandenen Reformstau im politischen Prozess den Spitzenplatz verloren hat und stark zurückgeworfen wurde.

[301] Vgl. BAUER, Der diskrete Charme des Lac Léman, NZZ vom 9.5.2008, S. 29. Vgl. SEVERIN, Isle of Man boomt mit cleverer Nischenstrategie, NZZ vom 14.5.2008, S. 29, wonach eine rasche Abwicklung von Zulassungen ein entscheidender Faktor für den Erfolg in den Nischenbereichen Schiffsregister und Raumfahrt ist: «In den USA brauche es sechs Monate, bis vorbereitende Fragen wie die mögliche Positionierung eines neuen Satelliten im All abgeklärt seien, die Isle of Man erledige dies in sechs Wochen.»

[302] Da dieser Faktor in der Schweiz einen sehr hohen Standard ausweist, neigen wir dazu, dies als Selbstverständlichkeit anzusehen. Zur Illustration sei beispielhaft auf Südafrika hingewiesen: Dort verlangsamte sich der Wirtschaftsgang unter anderem wegen der Energiekrise massiv. Im Januar 2008 blieben sehr wichtige Bergwerke fünf Tage lang geschlossen, was zu einem wuchtigen Förderrückgang führte. Vgl. NZZ vom 20.3.2008, S. 23 (Südafrikas Wirtschaftsgang verlangsamt sich). Vgl. NZZ vom 15.5.2008, S. 21 (Trotz Schwächen sehr wettbewerbsfähige USA), wonach die Schweizer In-

beim Standortentscheid zu Gunsten des «Einzugsgebietes des Finanzplatzes Zürich» für ein neues Operating-Center der Swift explizit hervorgehoben.[303]

4.3.12 Fazit

173 Der Standortentscheid eines Unternehmens ist häufig eine der wichtigsten Entscheidungen, leiten sich doch viele, meist langfristige Konsequenzen direkt aus dieser Entscheidung ab. Ganz stark gilt dies bei Industrie- und Produktionsbetrieben, denn hier sind meist kostenintensive Investitionen Voraussetzung für die Betriebsaufnahme. Nach dem gefällten Entscheid ist die Mobilität sehr eingeschränkt. Dennoch sind auch diese Unternehmen bis zu einem gewissen Masse mobil wie der Wegzug des Werkes des finnischen Weltmarktführers für Mobiltelefone, Nokia, von Bochum nach Rumänien zeigt.[304]

174 Je nach Unternehmen und Branche können also unterschiedliche Standortfaktoren entscheidend sein. Überdies ist die Dimension des Unternehmens ausschlaggebend, mithin ob es

frastruktur bei der Studie des LAUSANNER MANAGEMENT-INSTITUTS IMD vorzüglich abschneidet; BAUER, Der diskrete Charme des Lac Léman, NZZ vom 9.5.2008, S. 29; JAEGER/GÜSSOW, Beschreibung der staatlichen Rahmenbedingungen des Standortes Schweiz, S. 230.

[303] Vgl. NZZ vom 27.3.2008, S. 51 (Ein neues Nervenzentrum für die weltweite Finanzindustrie). Bei der Standortwahl gaben daneben auch die politische Stabilität, das gute Ausbildungsniveau sowie der Datenschutz den Ausschlag. Rund 90% aller internationalen Banktransaktionen werden über das Meldesystem der Swift abgewickelt, sodass die Aufrechterhaltung dieses Datenflusses von eminenter Wichtigkeit ist und ein längerer Ausfall verheerende Konsequenzen für die Weltwirtschaft hätte.

[304] Vgl. NZZ vom 16.1.2008, S. 27 (Nokia schliesst die letzte deutsche Handy-Fabrik). NZZ vom 18.1.2008, S. 23 (Wenn selbst Nokia zur Heuschrecke wird); BAUER, Der diskrete Charme des Lac Léman, NZZ vom 9.5.2008, S. 29, mit einigen Beispielen von internationalen Zuzügen in die Genferseeregion: Cadbury Schweppes, Cisco, Regionales Hauptquartier von Yahoo, Philipp Morris, Starbucks etc. Vgl. auch JAEGER/GÜSSOW, Beschreibung der staatlichen Rahmenbedingungen des Standortes Schweiz, S. 213.

sich um ein internationales, nationales oder regionales Unternehmen handelt. Jedoch können nicht alle ihren Standort frei wählen. Einige sind an materielle Voraussetzungen gebunden. Standortentscheide sind wohl meistens Kompromisse. Den Ort gibt es wohl kaum, der alle Kriterien voll erfüllt.

175 Die Standortattraktivität eines Landes hängt insgesamt von mehreren Faktoren ab und vermag nicht alle Unternehmen und Branchen gleich stark anzuziehen.[305] Durch eine geeignete Standortpolitik können Unternehmen angezogen werden; eine Garantie dafür gibt es allerdings nicht, zumal der Grundsatz der Gleichbehandlung vom Staat beachtet werden muss.[306] Weiter hinten werden die Standortfaktoren des Finanzbereiches im Detail betrachtet.

4.4 Bedeutung des Finanzsektors für die Schweiz

4.4.1 Quantitativer Überblick

176 Der Finanzsektor erwirtschaftet rund 11,5% der Wertschöpfung der schweizerischen Volkswirtschaft.[307] Mit rund 193'000 vollzeitäquivalenten Arbeitsstellen beschäftigt der Schweizer Finanzplatz knapp 6% der Arbeitskräfte der Schweiz – dies ohne Berücksichtigung der indirekten Be-

[305] Vgl. JAEGER/GÜSSOW, Beschreibung der staatlichen Rahmenbedingungen des Standortes Schweiz, S. 214, wonach die Standortqualität «letztlich aus dem Zusammenspiel von Angebot und Nachfrage nach Standortfaktoren» resultiert.

[306] HUMMLER, Der Schweizer Finanzplatz im Trilemma, NZZ vom 20.6.2007, SB 15, führt jedoch an, dass man einen Finanzplatz nicht schaffen kann: «Er entsteht, besteht oder vergeht. Was man allerdings kann: die Vorgänge positiv oder negativ beeinflussen.»

[307] EIDGENÖSSISCHE FINANZDEPARTEMENT, Kennzahlen zum Finanzstandort Schweiz, S. 3.

schäftigungswirkung auf die übrigen Sektoren.[308] Die hohen Wertschriftenbestände der Banken widerspiegeln die herausragende Rolle des schweizerischen Finanzsektors in der Vermögensverwaltung.[309] Ende 2007 wurden Wertschriftenbestände von total über CHF 5'200 Mrd. in Kundendepots durch Banken in der Schweiz verwaltet.[310] Obwohl der Finanzplatz häufig mit einem Bankenplatz gleichgesetzt wird, besteht er aber aus weit mehr als nur Banken.[311] Denn zudem sind unter anderem schweizerische Versicherungen und Pensionskassen als institutionelle Investoren bedeutend und verwalteten Ende 2006 Kapitalanlagen von über CHF 1'150 Mrd.[312]

---

308 EIDGENÖSSISCHES FINANZDEPARTEMENT, Kennzahlen zum Finanzstandort Schweiz, S. 4. Vgl. zur Bedeutung des Finanzsektors der Schweiz SCHWEIZERISCHE BANKIERVEREINIGUNG ET AL., Masterplan Finanzplatz Schweiz, S. 8 f.

309 Vgl. dazu CITY OF LONDON, The Global Financial Centres Index, S. 7, wonach Zürich auf dem fünften und Genf auf dem siebten Gesamtrang als sehr wettbewerbsfähig bewertet werden. Der Index misst dabei anstelle der Leistungsfähigkeit die Wettbewerbsfähigkeit. Zürich wird dabei als stärkstes Nischenzentrum angeführt, wobei «Private banking and asset management» als «its key specialisms» bezeichnet werden. Genf wird attestiert, es sei «the third financial centre in continental Europe, with continuing high ratings for asset management, banking, and government/regulatory issues.» Zu diesem Index auch SWISS FINANCIAL CENTER WATCH, Portrait des Finanzplatzes Schweiz, S. 7. Die Handelszeitung vom 31.10–6.11.2007, S. 37 (Zürich hat auch seine Vorteile) führt jedoch an, dass Zürich international an Bedeutung verloren habe und nur noch als Nischenplayer wahrgenommen werden. SELL, A special report on financial centres, The Economist vom 15.9.2007, S. 4 und S. 8, betont den Erfolg von Zürich und Genf in der Nische Private Banking.

310 Vgl. EIDGENÖSSISCHES FINANZDEPARTEMENT, Kennzahlen zum Finanzstandort Schweiz, S. 5.

311 Vgl. SWISS FINANCIAL CENTER WATCH, Portrait des Finanzplatzes Schweiz, Schlussbericht 2007, S. 9.

312 Vgl. EIDGENÖSSISCHES FINANZDEPARTEMENT, Kennzahlen zum Finanzstandort Schweiz, S. 7.

4.4.2 Beitrag des Finanzsektors

177 Diese wenigen Indikatoren zeigen die Bedeutung des Finanzsektors für die Schweiz und lassen erahnen, dass dessen Beitrag an die Steuereinnahmen substantiell ist. Ferner gilt es zu beachten, dass darin noch keine Anbieter von entweder vorgelagerten oder nachgelagerten Dienstleistungen und Produkten berücksichtigt sind: Denn die wissensintensiven Dienstleistungsanbieter wie beispielsweise Rechtsberatungs- oder Managementberatungsunternehmen werden nicht direkt dem Finanzsektor zugerechnet, obschon sie einen wesentlichen Beitrag zum Finanzplatz Schweiz leisten.[313]

178 Gemäss SWISS FINANCIAL CENTER WATCH braucht zwar jedes Land einen Finanzsektor, jedoch haben nur wenige einen, der international eine wichtige Rolle spielt.[314] Die Bedeutung des Finanzplatzes für die Schweizer Wirtschaft ist heute weit grösser als in den meisten vergleichbaren Ländern, stellt aber deshalb ein Klumpenrisiko dar, insbesondere für die Staats-

313 Vgl. SWISS FINANCIAL CENTER WATCH, Portrait des Finanzplatzes Schweiz, Schlussbericht 2007, S. 12. Vgl. auch SEVERIN, Isle of Man boomt mit cleverer Nischenstrategie, NZZ vom 14.5.2008, S. 29, wonach sich der Erfolg des Schiffsregisters auch auf andere Bereiche auswirkt: «Der Insel bringt das Register Wartungsaufträge, die Banken bieten Finanzierungen an, und die Anwälte kümmern sich um die notwendigen Verträge.»

314 Vgl. SWISS FINANCIAL CENTER WATCH, Portrait des Finanzplatzes Schweiz, Schlussbericht 2007, S. 6.

einnahmen.[315] Denn durch die hohen Steuerbeiträge an den staatlichen Haushalt entsteht eine gewisse Abhängigkeit.[316]

4.4.3 Wahrnehmung der Bevölkerung

179 Aber nicht nur die Kennzahlen des Finanzplatzes sprechen eine deutliche Sprache: Wie aus einer in diesem Jahr veröffentlichten Umfrage hervorgeht, sind die Schweizerinnen und Schweizer der Meinung, dass der Finanzsektors für die Schweizer Wirtschaft wichtig ist.[317]

4.4.4 Fazit

180 Zusammenfassend kann festgehalten werden, dass dem Finanzplatz heute eine Schlüsselrolle für Wachstum und Stabilität der schweizerischen Volkswirtschaft zukommt. Eine damit verknüpfte und interessante Frage ist, ob der Finanzplatz historisch gesehen das Fundament der stabilen Volkswirtschaft ist oder ob der Finanzplatz gerade wegen einem bereits früh gedeihenden und stabilen Wirtschaftssystem sich

[315] Vgl. SWISS FINANCIAL CENTER WATCH, Portrait des Finanzplatzes Schweiz, Schlussbericht 2007, S. 5 f. Dass die hohen Steuererträge rasch und unerwartet wegfallen können, zeigt uns die gegenwärtige Subprime-Krise. Vgl. auch das Interview mit JEAN-PIERRE ROTH, Präsident der Schweizerischen Nationalbank, in: NZZ vom 20.6.2007, SB 3: «Gerade weil der Finanzsektor 15% zum BIP beiträgt, wissen wir, dass Probleme in diesem Bereich sehr rasch zu Problemen in anderen Wirtschaftsbereichen führen können.» Vgl. NZZ vom 20.6.2008, S. 21 (Schweizer Banken mit durchzogenem Jahr).

[316] Vgl. SWISS FINANCIAL CENTER WATCH, Portrait des Finanzplatzes Schweiz, Schlussbericht 2007, S. 15 f. Danach war im 2004 der Schweizer Finanzsektor für mehr als 16% des gesamten Steueraufkommens verantwortlich.

[317] INSTITUT FÜR MARKT- UND MEINUNGSFORSCHUNG, Aktuelle Bankenfragen 2008, Meinungen und Vorstellungen der Schweizer Bürger, Studie durchgeführt für die SCHWEIZERISCHE BANKIERVEREINIGUNG, S. 27. Danach erkennen selbst diejenigen, welche der Bankenbranche kritisch gegenüber stehen, die Bedeutung des Finanzsektors für die Schweizer Volkswirtschaft an.

so stark entwickeln konnte und heute eine Schlüsselrolle einnehmen kann.[318] Ohne diese Frage genau beantworten zu wollen, lohnt es sich zur Illustration Folgendes anzuführen.

181 Gemäss WERTPAPIERWELT ranken sich mehrere Mythen um die Schweizer Privat- und Grossbanken, die zugegebenermassen nur einen Teil des Finanzplatzes ausmachen: «Sie sind diskret und effizient, ein sicherer Hafen für das Geld der Welt. Bereits im 18. Jahrhundert hatten sich geschickte Kaufleute ausschliesslich auf Wechselgeschäfte und den Handel mit Geld verlegt – sie waren die ersten Privatbankiers mit einer internationalen, wohlhabenden Kundschaft.»[319] Dies sagt jedoch so noch nichts Wesentliches über die Entstehung aus. Aber bereits im Mittelalter nahmen Kaufleute aus den umliegenden Nachbarländern und Flandern die Strapazen der Alpenüberquerung auf sich. Auf den damals wichtigsten Handelsmessen in Genf und Zurzach wechselten dabei nicht nur Luxusgüter wie Gewürze und edle Metalle die Besitzer, sondern auch Münzen in den Währungen Europas. Bald spezialisierten sich einige Kaufleute auf dieses komplizierte Wechselgeschäft: Aus ihnen wurden später die ersten Privatbankiers.[320] Dies würde wohl eher dafür sprechen, dass sich der «Finanzplatz» auf ein florierendes Wirtschaftssystems zurückführen lässt. Wie bereits erwähnt, ist diese Frage aber nicht Gegenstand dieser Arbeit, weshalb im Weiteren nicht mehr näher darauf eingegangen wird.

---

[318] Vgl. HUMMLER, Der Schweizer Finanzplatz im Trilemma, NZZ vom 20.6.2007, SB 15, der ebenfalls die Frage aufwirft, was hinter dem Erfolg des Finanzplatzes Schweiz steht.

[319] WERTPAPIERWELT, Tradition und Innovation, Schweizer Wirtschaftsgeschichte auf Wertpapieren, S. 7.

[320] Vgl. WERTPAPIERWELT, Tradition und Innovation, Schweizer Wirtschaftsgeschichte auf Wertpapieren, S. 7. Vgl. ferner GSCHWEND, Die Schweiz als Wirtschaftsstandort, Eine rechtshistorische Perspektive, S. 44.

4.5 Standortfaktoren für Finanzintermediäre

182 Nachfolgend werden einzelne Standortfaktoren, die für den Finanzplatz Schweiz entscheidend sind, näher und vor allem aus der Perspektive eines Finanzintermediärs beleuchtet.[321] Dabei gilt es zu beachten, dass Standortfaktoren heute einen höheren Stellenwert besitzen, weil sich der Wettbewerb unter den Finanzplätzen in den letzten 10 bis 15 Jahren verstärkt hat. Denn die Auslagerung von Prozessen an kostengünstige Standorte wurde erst durch Weiterentwicklungen in der Kommunikations- und Informationstechnologie möglich.[322]

4.5.1 Attraktives Steuer- und Abgabesystem

183 Ein attraktives Steuer- und Abgabesystem ist ein wesentlicher Faktor bei einem Standortentscheid eines Unternehmens.[323] Dieses Kriterium ist Gegenstand einer vertieften Auseinandersetzung, weshalb diesem die vorliegende Arbeit weiter hinten ein eigenes Kapitel widmet.

---

[321] Vgl. dazu folgendes Votum von Bundesrat MERZ, AB 2008 N 403: «Das Bankgeheimnis ist jedoch nur einer unter vielen Faktoren, die die Attraktivität des Finanzplatzes ausmachen. Der Standort Schweiz bietet unserer Finanzbranche, das wissen wir alle, politische und wirtschaftliche Stabilität, eine hohe Berechenbarkeit des Rechtsumfeldes, gute Infrastrukturen, moderne Ausbildungsmethoden, gut qualifizierte Arbeitskräfte. Das alles sind Grundpfeiler auf denen der Erfolg unseres Finanzplatzes aufgebaut ist und von denen letztlich der Wirtschaftsstandort als Ganzes profitiert.»

[322] Vgl. HÜPKES, Globale Märkte und nationale Regulierung – die Schweizer Finanzplatzpolitik vor neuen Herausforderungen, GesKR 4/2007, S. 352; SWISS FINANCIAL CENTER WATCH, Monitoring Report 2008, S. 168; JAEGER/GÜSSOW, Beschreibung der staatlichen Rahmenbedingungen des Standortes Schweiz, S. 213 f.

[323] Vgl. SEVERIN, Isle of Man boomt mit cleverer Nischenstrategie, NZZ vom 14.5.2008, S. 29, wonach die Basis für die beneidenswerte Situation der Isle of Man das Steuersystem bildet.

4.5.2 Ausgewogene Aufsicht und Regulierung

184 Dieser Faktor ist eine Schlüsselfrage bei einer finanzintermediärspezifischen Standortentscheidung und somit auch eine Schlüsselfrage dieser Publikation und wurde bereits in einem eigenen Kapitel behandelt.[324]

185 Nach LAWSON eröffnet der «regulatorische Albatross»[325] des amerikanischen Versicherungsrechts den Offshore Plätzen wie beispielsweise Bermudas, Cayman Inseln, Irland oder Liechtenstein einige grosse Vorteile, weil die Versicherungsregulierungen in diesen Ländern klar und einfach sind.[326] Man kann nun diesen Versicherungen unterstellen, dass dies nur aus Steuergründen geschieht. Interessanterweise ziehen aber amerikanische Unternehmen, welche sich auf amerikanische Kunden fokussieren, keine Steuervorteile aus der Niederlassung in einem Offshoreplatz, sondern die einzigen Vorteile liegen in der nicht vorhandenen Regulationsbürokratie und den nicht vorhandenen – nach einigen Ansichten exzessiven – Konsumentenschutzvorschriften, die ohnehin nicht auf HNWI ausgerichtet sind. Diese Gesetzgebungen gehen von kompetenten bzw. gut beratenen Käufern aus, welche ihre eigenen Rahmenbedingungen aushandeln können.[327] Nach LAWSON ist weniger Regulierung mehr.

186 SEVERIN erwähnt in ihrem Artikel JOHN ASPDEN, Chef der Financial Supervision Commission of Isle of Man, der das Credo vertritt, «dass angesehene Unternehmen heute nicht mehr nach den Plätzen suchen würden, die am schwächsten

---

324 Siehe vorne Kapitel 3.

325 Albatrosse sind eine Gruppe von grossen bis sehr grossen, eher schwerfälligen Seevögeln mit sehr langen und schmalen Flügeln. Albatrosse können Flügelspannweiten von über 3,5 m erreichen und übertreffen damit jede andere lebende Vogelart.

326 Vgl. LAWSON, An Introduction to PPLI, S. 10.

327 Vgl. LAWSON, An Introduction to PPLI, S. 10.

reguliert seien. Stattdessen wünschten sie die Qualität, um nicht selbst mit suspekten Offshore-Plätzen assoziiert zu werden. ASPDEN spekuliert, dass es in zehn Jahren weniger Offshore-Zentren gibt, die Karibik unattraktiver wird und die Isle of Man von der Flucht in die Qualität profitiert.»[328]

187 Diese beiden Positionen illustrieren, jede auf ihre Weise, die Problematik um die ideale Regulierung, nämlich die Frage, wie viel Regulierung es braucht. Darauf wurde oben bereits eingegangen. Nach Ansicht der Autoren liegt ein anderer, nicht zu unterschätzender Punkt in der Relativität der Regulierungen. Das heisst, dass ein Finanzplatz im asiatischen Raum im Vergleich mit seinen Nachbarländern relativ schnell als gut reguliert und rechtssicher wahrgenommen wird. In Europa ist diese Messlatte jedoch höher angesetzt. Folglich muss bei entsprechenden Vergleichen verschiedener Finanzplätze differenziert werden.

188 Es stellt sich schliesslich die Frage, ob die Rahmenbedingungen der Regulierung wichtiger sind als die Regulierung an sich. Denn nur wenn ein Gesetzgebungsrahmen besteht, der eine rasche Anpassung der Regulierung mit entsprechender Flexibilität ermöglicht, kann eine sinnvolle Regulierung entstehen. Dies wiederum steht in einem Spannungsverhältnis mit der Rechtssicherheit.

4.5.3 Marke Schweiz

189 Die Reputation eines Finanzplatzes allgemein bzw. des Finanzplatzes Schweiz insbesondere ist gewiss als wichtiger Standortfaktor zu betrachten, weshalb der Schweizer Finanz-

[328] SEVERIN, Isle of Man boomt mit cleverer Nischenstrategie, NZZ vom 14.5.2008, S. 29.

platz als separater Standortfaktor aufgeführt wird.[329] In der vorliegenden Arbeit wird der Faktor Reputation jedoch im Zusammenhang mit der Regulation dargestellt und folglich in einem gemeinsamen Kapital besprochen. Nachfolgend sei nur die Marke Schweiz erwähnt.

190 HARDER veranschaulicht die Marke Schweiz mit zwei interessanten Beobachtungen: «Eine erste Beobachtung: Vom diesjährigen Weltpfadfindertreffen zurückkehrende Schweizer Pfadfinder berichten, wie ihnen ihre für die Schweiz typischen Souvenirs fast aus den Händen gerissen wurden, im Lager am weitaus begehrtesten waren. (...) Eine zweite: Bei Befragungen ausländischer Kunden schweizerischer Unternehmen nach den wichtigsten Kaufgründen nennen diese oft und spontan: weil das Gekaufte von einem Schweizer Unternehmen stammt.»[330] Dies zeigt, welchen Ruf die Schweiz im Ausland geniesst, was sich ebenfalls positiv für die in der Schweiz ansässigen Unternehmen auswirkt.

4.5.4 Offene Kapitalmärkte und globale Vernetzung

191 Die Schweiz ist eine Drehscheibe im Herzen von Europa mit freiem Kapitalverkehr und überwiegend offenen Märkten.[331] Die Offenheit des schweizerischen Kapitalmarktes widerspiegelt sich im liberalen Umgang mit Staatsfonds – mögen diese umstritten sein oder nicht. Diese Streitfrage soll jedoch nicht

---

[329] Vgl. das Interview mit JEAN-PIERRE ROTH, Präsident der Schweizerischen Nationalbank, in: NZZ vom 20.6.2007, SB 3, wonach die starken Jahresergebnisse der Schweizer Banken «vielleicht auch auf der Reputation des Landes generell» beruht.

[330] HARDER, Im Erfolg lauern die Gefahren, S. 11.

[331] Vgl. SWISS FINANCIAL CENTER WATCH, Portrait des Finanzplatzes Schweiz, Schlussbericht 2007, S. 7.

Gegenstand der vorliegenden Arbeit sein.[332] Vorerst kann festgehalten werden, dass die liberalen Kapitalmärkte ein wesentlicher Pfeiler des Schweizer Finanzplatzes sind.[333]

192 Aber offene Märkte sind nur eine Seite der Medaille. Oftmals ist es notwendig dem Kunden zu folgen und ein entsprechendes Vertriebsnetz aufzubauen.[334] Im Private Banking gelten derzeit vor allem Singapur und Dubai als attraktive und stark wachsende Finanzplätze. Viele Schweizer Banken unterhalten aufgrund dieses Booms Niederlassungen in Südostasien oder lassen sich dort sogar mit eigenständigen rechtlichen Einheiten nieder. Die indischen und pakistanischen Private Banking Kunden reisen für ihre Bankgeschäfte nicht mehr bis in die Schweiz, sondern sie erledigen dies in den genannten aufstrebenden Finanzplätzen.[335] Dies zeigt, wie wichtig eine starke Vernetzung sowie die Nähe zum Kunden sind.

---

[332] Vgl. zur Streitfrage der Staatsfonds NZZ vom 19.5.2008, S. 11 (Überzogene Angst vor Staatsfonds); BAUMBERGER, Macht und Ohnmacht von Staatsfonds, NZZ vom 26.2.2008, S. 27; KAPPELER, Mehr Staatsfonds – weniger Konkurrenz, S. 41. NZZ vom 11.12.2007, S. 27 (Der Schweizer Finanzplatz weckt das Interesse ausländischer Investoren). NZZ vom 11.12.2007, S. 27 (Kein Heimatschutz für Schweizer Banken). Vgl. schliesslich aus einer historischen Warte ALTORFER-ONG, Ein Schweizer Staatsfonds aus dem 18. Jahrhundert, NZZ vom 20.3.2008, S. 31.

[333] Vgl. diesbezüglich auch das Interview mit JEAN-PIERRE ROTH, Präsident der Schweizerischen Nationalbank, in: NZZ vom 20.6.2007, SB 3. Vgl. auch NZZ vom 16.6.2008, S. 17 (Finanzplatz-Dialog im Zeichen der Kreditkrise). Zum Schweizer Franken siehe auch Ziff. 4.5.7 (Rz 203 ff.).

[334] Vgl. das Interview mit JEAN-PIERRE ROTH, Präsident der Schweizerischen Nationalbank, in: NZZ vom 20.6.2007, SB 3: «Wir wissen genau, auf welche Trümpfe wir setzen können. Die Trümpfe sind in der Qualität und der Globalität der Dienstleistungen zu suchen.»

[335] Vgl. SENN, Stabilität kann kein Luxus sein, Clarity, Frühling 2008, S. 35. SELL, A special report on financial centres, The Economist vom 15.9.2007, S. 14: «But over the past few years Dubai has built a new financial centre from nothing. Dozens of the worlds leading financial institutions have opened offices in its new financial district, hoping to grab a portion of the $2 trillion-plus investment from the Gulf.» Vgl. GOMEZ/LACHER/ZIMMERMANN, Wettbewerbsfähige Finanzplatz-Infrastruktur, NZZ vom 20.6.2007, SB 17.

4.5.5 Infrastruktur

193 Von einem historischen Blickwinkel hält die WERTPAPIERWELT fest, dass «mit der Gründung der weltweit ersten elektronischen Börse für Optionen und Financial Futures (SOFFEX) (...) die Verantwortlichen 1986 Neuland [betraten]. 1995 führte die Schweiz als eines der ersten Länder ein elektronisches Handelssystem an der Wertpapierbörse ein. Das dazugehörige Abwicklungssystem für Wertpapiertransaktionen gilt noch heute als eins der fortschrittlichsten der Welt.»[336] Dies waren wegweisende Innovationen im Bereich der Infrastruktur, die das ihrige zum Erfolg des Finanzplatzes beigetragen haben.[337]

194 Gemessen an der Bedeutung des Finanzplatzes ist es offensichtlich, dass die Schweiz heute eine leistungsfähige Börse mit einer entsprechend starken Abwicklungsinfrastruktur benötigt und hat.[338] In diesem Lichte ist der anfangs 2008 erfolgte Zusammenschluss von SWX, SIS und Telekurs als Schritt in die richtige Richtung zu begrüssen.[339] Diese schweizerische Infrastruktur, die eine hohe Zuverlässigkeit

---

336 WERTPAPIERWELT, Tradition und Innovation, Schweizer Wirtschaftsgeschichte auf Wertpapieren, S. 53.

337 Vgl. SELL, A special report on financial centres, The Economist vom 15.9.2007, S. 4: «The city-states that dominate today's financial world are connected not only by mobile capital and people, but increasingly by exchanges too. Exchanges have traditionally been at the heart of important financial cities.»

338 Vgl. GOMEZ/LACHER/ZIMMERMANN, Wettbewerbsfähige Finanzplatz-Infrastruktur, NZZ vom 20.6.2007, SB 17. SWISS FINANCIAL CENTER WATCH, Portrait des Finanzplatzes Schweiz, Schlussbericht 2007, S. 22.

339 Vgl. GOMEZ/LACHER/ZIMMERMANN, Wettbewerbsfähige Finanzplatz-Infrastruktur, NZZ vom 20.6.2007, SB 17, mit weiteren Hinweisen, weshalb dieser Zusammenschluss richtig ist. Sie schliessen dabei ihren Text mit folgender Metapher ab: «Dabei soll aber nicht ein ‹Supertanker› auf Kiel gelegt werden, sondern eine Flotte von Schnellboten.»

zu konkurrenzfähigen Preisen bietet[340], beschränkt sich nicht nur auf die Schweiz, sondern verzeichnet rund um den Erdball grossen Erfolg.[341] Schliesslich wird im Masterplan Finanzplatz Schweiz festgehalten, dass «zur Nutzung von Opportunitäten (...) optimale Rahmenbedingungen geschaffen werden» müssen.[342]

195 Aber auch die allgemeine – nicht-finanzplatzspezifische – Infrastruktur trägt einen wesentlichen Teil zum Erfolg bei: Strassennetz, Versorgung, Bahnnetz, Flugplätze usw. weisen eine hohe Zuverlässigkeit sowie Dichte auf. So ist beispielsweise der zurzeit rasch gedeihende Standort für Funds of Hedge Funds in Pfäffikon schnell und bequem erreichbar, sodass eine hohe Mobilität gewährleistet ist.

4.5.6 Bankkundengeheimnis

196 «An diesem Bankgeheimnis werdet ihr euch die Zähne ausbeissen. Es steht nicht zur Disposition.» Dies erklärte Bundesrat HANS-RUDOLF MERZ anlässlich einer mehrstündigen Debatte im Nationalrat zu den Turbulenzen um den Bankenplatz und den Steuerstandort Schweiz.[343] Bereits im Rahmen des Zinsbesteuerungsabkommens und der Bilateralen II wurde das Bankkundengeheimnis von den Verhandlungspartnern in Frage gestellt. Interessant ist dabei, dass das Bankkundengeheimnis in beiden Angelegenheiten im entsprechen-

340 SWISS FINANCIAL CENTER WATCH, Portrait des Finanzplatzes Schweiz, Schlussbericht 2007, S. 23. Gemäss HUMMLER, Der Schweizer Finanzplatz im Trilemma, NZZ vom 20.6.2007, SB 15, verfügt die Schweiz über eine hervorragende Infrastruktur.

341 Vgl. GOMEZ/LACHER/ZIMMERMANN, Wettbewerbsfähige Finanzplatz-Infrastruktur, NZZ vom 20.6.2007, SB 17.

342 SCHWEIZERISCHE BANKIERVEREINIGUNG ET AL., Masterplan Finanzplatz Schweiz, S. 95.

343 Votum MERZ, AB 2008 N 404; vgl. auch NZZ vom 20.3.2008, S. 17 (Wortreiche Sorgen um den Finanzplatz).

den Staatsvertrag verankert und somit dauerhaft anerkannt wurde.[344]

197 Im erwähnten Votum führte Bundesrat MERZ zudem an, dass «ein angemessener Schutz der Privatsphäre (...) für jeden internationalen Finanzplatz ein Standortfaktor [ist]. Deshalb verfügen andere wichtige Finanzplätze auch über einen mit dem schweizerischen Bankgeheimnis vergleichbaren Schutz der Privatsphäre.»[345] Weiter betonte er, dass der Schutz der Privatsphäre nicht nur einen Standortfaktor für den Finanzplatz darstelle, sondern auch ein wesentliches Element unseres gesellschaftlichen Wertesystems sei.[346] SCHWARZ macht in diesem Zusammenhang klar, «dass die helvetische Gesetzgebung nicht gewinnmaximierender Schlaumeierei entspringt, sondern einer freiheitlichen Staatsphilosophie, die das Individuum höher wertet als den Staat, Freiwilligkeit höher als Zwang und Unterschiede der Ideen, Temperamente, Fähigkeiten, Neigungen und Lebensumstände, aber auch Einkommen und Vermögen höher als Gleichförmigkeit.»[347]

198 Gerade im Zeitalter der Selbstinszenierung und dem freizügigen Umgang mit persönlichen Informationen scheinen viele zu vergessen, dass jedermann Anrecht auf die Respektierung seiner Privatsphäre hat und Datenschutz eine sensitive Angelegenheit ist. WIDMER stellt dazu die treffende Frage: «Anonymität – ein Luxusgut?» Denn unbestrittenermassen war der Schutz sensitiver Daten noch nie so schwierig wie heute.[348] Aber trotz des freigiebigen Umgangs mit persönlichen Daten und dem fehlenden gesellschaftlichen Bewusstseins für

344 Vgl. TAISCH, Finanzmarktrecht, S. 95.
345 Votum MERZ, AB 2008 N 403.
346 Votum MERZ, AB 2008 N 403. Vgl. auch NZZ vom 14./15.6.2008, S. 23 (Der Schweizer Finanzplatz bietet mehr als das Bankgeheimnis).
347 NZZ vom 1./2.3.2008, S. 23 (Das Bankgeheimnis ist keine Schlaumeierei).
348 WIDMER, Anonymität – ein Luxusgut?, Clarity, Frühling 2008, S. 47.

Datenschutz geniesst der Schutz der Privatsphäre in Finanzangelegenheiten einen hohen Stellenwert.[349]

199 Dass sich der Swift-Aufsichtsrat dafür entschieden hat, ein neues Operating-Center in der Schweiz zu bauen, hängt wesentlich mit dem Niveau des Datenschutzes in der Schweiz zusammen. Dies gerade im Vergleich zur gegenwärtigen Situation, wonach dieses Operating-Center in den USA, wo ein anderes Datenschutzbewusstsein herrscht, angesiedelt ist. Durch diesen Entscheid wird der innereuropäische Datenfluss von den USA abgekoppelt.[350]

200 Aber die Schweizer sind nicht die Einzigen, die im gut ausgebauten Datenschutz einen Standortvorteil sehen: Liechtenstein ist um einen adäquaten Datenschutz bemüht. So hielt GASSNER, ohne auf Details einzugehen, fest, «dass sich die Tätigkeit der FMA auf die Frage der Datensicherheit und den Schutz der Kundendaten konzentriert habe.»[351] Ferner wird genauso in Liechtenstein das Bankkundengeheimnis als Garant für den Erfolg angesehen.[352]

201 In der Schweiz finden sich mehrere gesetzliche Grundlagen, die den Datenschutz, die Privatsphäre und vor allem das

---

[349] Vgl. INSTITUT FÜR MARKT- UND MEINUNGSFORSCHUNG, Aktuelle Bankenfragen 2008, Meinungen und Vorstellungen der Schweizer Bürger, Studie durchgeführt für die SCHWEIZERISCHE BANKIERVEREINIGUNG, S. 27: «Für 88% der Befragten ist es sehr oder eher wichtig, dass der Datenschutz in Finanzangelegenheiten respektiert wird. Die Achtung der Privatsphäre in den Bankbeziehungen ist damit für die Befragten von grosser Bedeutung, eine Feststellung, welche seit Jahren Gültigkeit besitzt.» Vgl. auch NZZ vom 26.3.2008, S. 23 (Der Finanzplatz Schweiz bleibt glaubwürdig).

[350] Vgl. NZZ vom 27.3.2008, S. 51 (Ein neues Nervenzentrum für die weltweite Finanzindustrie), wonach gemäss HANS GEIGER, Professor am Swiss Banking Institute, dieser Standortentscheid das Vertrauen in eine zuverlässige Datenschutzgesetzgebung ausdrückt.

[351] NZZ vom 29.4.2008, S. 21 (Boom am Finanzplatz Liechtenstein).

[352] BÜCHEL, Die Gründung einer Bank im Fürstentum Liechtenstein, S. 122.

Bankkundengeheimnis schützen.[353] Die Schweiz verfügt dadurch über eine hohe Rechtssicherheit und einen effektiven Schutz der Privatsphäre.[354]

202 Gemäss HUMMLER ist die Nachfrage nach Möglichkeiten nach wie vor hoch, einen Teil des Vermögens in einem Territorium mit tiefer Konfiskationswahrscheinlichkeit anzulegen. Dabei spielen aber nicht nur Steueroptimierungsgedanken einen Rolle, sondern auch die grossen Unsicherheiten, die teilweise im Zusammenhang mit kriminellen Machenschaften und organisiertem Verbrechen bestehen. So verstanden, kann das schweizerische Bankkundengeheimnis nicht nur Vermögenswerte, sondern auch Leib und Leben von produktiven Wirtschaftsteilnehmern schützen.[355]

4.5.7 Starker Schweizer Franken

203 JEAN-PIERRE ROTH hielt anlässlich eines Interviews zum 100-Jahre-Jubiläum der Schweizerischen Nationalbank fest, «dass die international bedeutende Rolle des Frankens in erster Linie auf die lange Tradition des freien Kapitalverkehrs zurückzuführen ist.»[356] Er vergleicht dabei den in Europa lange Zeit beschränkten Kapitalverkehr mit der Schweiz und attestiert ihr seit je her eine freie Beweglichkeit des Kapital in «hohem Masse». Und dies führte demgemäss zur Stärke des Schweizer Frankens.

---

353 Vgl. zum Thema Datenschutz WIDMER, Anonymität – ein Luxusgut?, Clarity, Frühling 2008, S. 50; zur Vertraulichkeit in Finanzangelegenheiten TAISCH, Finanzmarktrecht, S. 95 ff.

354 SWISS FINANCIAL CENTER WATCH, Portrait des Finanzplatzes Schweiz, Schlussbericht 2007, S. 7.

355 HUMMLER, Der Schweizer Finanzplatz im Trilemma, NZZ vom 20.6.2007, SB 15.

356 Interview mit JEAN-PIERRE ROTH, Präsident der Schweizerischen Nationalbank, in: NZZ vom 20.6.2007, SB 3. Zu den offenen Märkten siehe auch Ziff. 4.5.4 (Rz 191 ff).

204 Dies beantwortet jedoch nur die Frage, weshalb der Franken so stark wurde. Gilt er heute jedoch als attraktiver Standortfaktor für Finanzintermediäre? Im vorerwähnten Interview führte JEAN-PIERRE ROTH weiter aus, dass die immer wieder guten Jahresergebnisse der Schweizer Banken nicht unmittelbar mit der Entwicklung des Frankens zu tun hätten, sondern dass diese primär von der Qualität derer Dienstleistungen getragen seien und vielleicht noch von der Reputation des Landes generell. Heute sei der Franken eher symbolischer Natur.[357]

205 Der Schweizer Franken als sichere Währung wird selbst im Fürstentum Liechtenstein, wo er ebenfalls Landeswährung ist, als entscheidender Faktor für dessen Bankenplatz angeführt.[358] Wenn er also schon im Ausland als Erfolgsfaktor gilt, dann in der Schweiz erst recht.

4.5.8 «Skilled Personnel»

206 Ein Schlüsselfaktor für den Finanzplatz Schweiz ist und wird auch in Zukunft die Verfügbarkeit von qualifizierten Mitarbeitenden sein.[359] Der GFCI bezeichnet dabei die Disponibilität als wichtigsten Faktor für die Wettbewerbsfähigkeit und bringt dies wie folgt auf den Punkt: «Each of the three GFCI reports has identified skills as one key element of financial centre competitiveness: a local pool of, or easy access to, skilled personnel. When asked to identify factors that affect

---

[357] Interview mit JEAN-PIERRE ROTH, Präsident der Schweizerischen Nationalbank, in: NZZ vom 20.6.2007, SB 3.

[358] BÜCHEL, Die Gründung einer Bank im Fürstentum Liechtenstein, S. 120. Gemäss SWISS FINANCIAL CENTER WATCH, Portrait des Finanzplatzes Schweiz, Schlussbericht 2007, S. 7, ist die unabhängige und sichere Währung ein wichtiger Erfolgsfaktor.

[359] Vgl. SCHWEIZERISCHE BANKIERVEREINIGUNG ET AL., Masterplan Finanzplatz Schweiz, S. 31. Vgl. für Luxemburg, ROMMES, Talente gesucht, FAZ Verlagsbeilage vom 4.6.2008, B5.

the competitiveness of financial centres, 30% of GFCI 3 respondents identified skills, high-quality people, or a dynamic and available industry-specific workforce as critical. (...) Put simply, skills can either be grown or bought. Centres that invest in financial skill development at university level create conditions for ongoing financial services skills development. Other centres lower administrative barriers to ‹importing› skilled personnel, as another way of acquiring the necessary calibre of personnel.»[360]

207 «Finding and retaining good people has become an ever more important factor.»[361] Es müssen also gute Arbeitskräfte angezogen werden, denn «quality of life is important to highly paid financiers, and successful centres such as London are changing constantly to keep delivering what it takes.»[362] Und hier hat die Schweiz mit der hohen Lebensqualität sicherlich einen Trumpf in der Hand.

208 Erwähnenswert ist die Bedeutung von Englischkenntnissen. London und New York als die beiden weltweit führenden Finanzplätze befinden sich beide im englischsprachigen Raum.[363] Dieser Aspekt wird selbst für Hongkong angeführt,

---

360 City of London, The Global Financial Centres Index, S. 27. Vgl. Swiss Financial Center Watch, Portrait des Finanzplatzes Schweiz, Schlussbericht 2007, S. 37. Severin, Isle of Man boomt mit cleverer Nischenstrategie, NZZ vom 14.5.2008, S. 29, wonach sich die Isle of Man einer sehr liberalen Einwanderungspolitik verschrieben hat, weil sie unter den «Ureinwohnern» nicht genügend qualifizierte Mitarbeitende findet. Im vergangenen Jahr wurden 10'000 Arbeitsbewilligungen ausgestellt und nur 50 Anträge abgelehnt, wobei die Insel 80'000 Einwohner zählt.

361 Sell, A special report on financial centres, The Economist vom 15.9.2007, S. 4.

362 Sell, A special report on financial centres, The Economist vom 15.9.2007, S. 21.

363 Sell, A special report on financial centres, The Economist vom 15.9.2007, S. 6, bringt es mit drei Worten auf den Punkt: «Everyone speaks English.»

das heute noch vom «legacy of British colonial rule – including the widespread use of English» profitiert.[364]

209 Mit der zunehmenden Komplexität und der Innovationsgeschwindigkeit sowie dem steigenden Wettbewerb zwischen den Finanzplätzen wird der Faktor Knowhow gegenüber der Ressource Kapital weiter an Bedeutung gewinnen. Dabei geht es also nicht nur um die gegenwärtige Verfügbarkeit von qualifizierten Arbeitskräften, sondern vielmehr um den Ausbau der Aus- und Weiterbildungsmöglichkeiten.[365] Denn das ist Grundlage für die kontinuierliche Verfügbarkeit von qualifizierten Arbeitskräften, was sich wiederum positiv auf die Innovationsfähigkeit sowie auf die Nachhaltigkeit des Erfolges von Finanzintermediären auswirkt.[366]

4.5.9 Politische Stabilität

210 Aus einer historischen Warte hält die WERTPAPIERWELT fest: «Politische und wirtschaftliche Stabilität sowie Tradition der Neutralität trugen zum grossen und weltweiten Erfolg der Banken bei. So blieb die Schweiz weitgehend von den grossen Kriegen des 20. Jahrhunderts verschont, der starke Franken und Schutz vor staatlichem Eingriff zogen Kapital aller Art ins Land.»[367]

---

[364] SELL, A special report on financial centres, The Economist vom 15.9.2007, S. 13.

[365] Vgl. SWISS FINANCIAL CENTER WATCH, Portrait des Finanzplatzes Schweiz, Schlussbericht 2007, S. 37. Vgl. auch SCHWEIZERISCHE BANKIERVEREINIGUNG ET AL., Masterplan Finanzplatz Schweiz, S. 32.

[366] Vgl. SWISS FINANCIAL CENTER WATCH, Portrait des Finanzplatzes Schweiz, Schlussbericht 2007, S. 7.

[367] WERTPAPIERWELT, Tradition und Innovation, Schweizer Wirtschaftsgeschichte auf Wertpapieren, S. 52.

211 Dass politische Stabilität eine wichtige Grundvoraussetzung für den Erfolg des schweizerischen Finanzplatzes darstellt, liegt auf der Hand. Dies wird durch eine vom INSTITUT FÜR MARKT- UND MEINUNGSFORSCHUNG durchgeführte Befragung gestützt, wonach über 60% der Umfrageteilnehmer die politische und wirtschaftliche Stabilität als «sehr wichtig» für den Finanzsektor ansehen.[368] Darüber verfügt die Schweiz, wie aus dem Ranking des Global Competitivness Report hervorgeht.[369]

Dass sich die Kontinuität im politischen System positiv auf einen Finanzmarkt auswirken kann, zeigt sich am Beispiel der Isle of Man, wo das Parlament seit mehr als tausend Jahren ununterbrochen besteht.[370] Auch der Finanzplatz Singapur zeichnet sich nach SELL durch «political stability» aus.[371] Dies heisst jedoch keineswegs, dass politische Stabilität allein automatisch zu einem starken Finanzplatz führt.

212 Innenpolitische Krisen und Instabilitäten können sich rasch auf den Gang einer Volkswirtschaft bzw. auf den entsprechenden Finanzsektor niederschlagen. Dies belegt unter ande-

---

368 Vgl. INSTITUT FÜR MARKT- UND MEINUNGSFORSCHUNG, Aktuelle Bankenfragen 2008, Meinungen und Vorstellungen der Schweizer Bürger, Studie durchgeführt für die SCHWEIZERISCHE BANKIERVEREINIGUNG, S. 27. Interessant ist ferner folgende Erkenntnis: «Personen mit einem hohen Ausbildungsniveau sind besonders davon überzeugt, dass die Beständigkeit des schweizerischen Wirtschafts- und politischen Systems einen grossen Pluspunkt im Wettbewerb mit anderen Finanzplätzen darstellt (72% trifft vollständig zu). Auch jene Personen, welche sich besonders stark für Politik (gemessen durch die Abstimmungshäufigkeit) und Wirtschaftsthemen interessieren, sind von dieser Aussage besonders überzeugt.»

369 JAEGER/GÜSSOW, Beschreibung der staatlichen Rahmenbedingungen des Standortes Schweiz, S. 219. Vgl. WELTWIRTSCHAFTSFORUM, Global Competitiveness Report, S. 323 f.

370 SEVERIN, Isle of Man boomt mit cleverer Nischenstrategie, NZZ vom 14.5.2008, S. 29.

371 SELL, A special report on financial centres, The Economist vom 15.9.2007, S. 13.

rem ein Beispiel aus der Türkei: Das Verbotsverfahren gegen die Regierungspartei AKP schreckte zahlreiche ausländische Investoren ab und führte gemäss dem Vorsitzenden der Kapitalmarktaufsicht, TURAN EROL, dazu, dass im ersten Quartal 2008 fast eine Milliarde Dollar aus dem Aktienmarkt abgezogen wurden.[372]

4.5.10 «Cluster»

213 Cluster wird nicht oft als Standortfaktor genannt. Dies obwohl dessen Bedeutung für den Finanzplatz eminent ist. Cluster von Wirtschaftszweigen bezeichnen dabei das eine gewisse Dimension überschreitende Zusammenwirken bzw. ganze Netzwerke von vor- und nachgelagerten Unternehmen in einem geografischen Kleinraum.[373] Dort ballen sich Unternehmen und setzten sich dadurch einem scharfen Wettbewerb aus. Diese Ballung stellt aber nicht nur einen Nachteil im Sinne eines erhöhten Wettbewerbs dar, sondern auch einen geballten Anziehungspunkt für die Kundschaft. Denn diese Massierung erweist sich für den Kunden als grosser Vorteil, wie das Beispiel Pfäffikon zeigt. Der Kunde von Funds of Hedge Funds kommt gerne dorthin, weil er am selben Ort noch die Angebote der Konkurrenz prüfen kann. Und weil sich dort viele Firmen eines Clusters niederlassen, wird dies für die Arbeitnehmer interessant, was wiederum die Qualität

[372] NZZ vom 10.4.2008, S. 29 (Massiver Kapitalabfluss aus der Türkei).

[373] Vgl. JAEGER/GÜSSOW, Beschreibung der staatlichen Rahmenbedingungen des Standortes Schweiz, S. 230. Vgl. auch BERNET, Schweizerische Finanzplatzpolitik und Finanzplatzstrategie, S. 274: «Ein solches geographisches Cluster von Marktplattformen, Anbietern, Nachfragern, Transaktionsprozessen, Logistik- und Infrastrukturplattformen, Clearing- und Settlementorganisationen, Knowhow- sowie Forschungs- und Entwicklungsträgern und der Vielzahl damit verbundener Dienstleistungsanbieter wie Anwälte, Treuhänder, Berater, Technologieprovider etc., die einerseits miteinander konkurrenzieren, andererseits aber auch kooperieren, kennzeichnen einen *Finanzplatz*».

der verfügbaren Arbeitskräfte erhöht. Und schliesslich führt der erhöhte Wettbewerbsdruck zu mehr Innovation, was sich im Vergleich mit anderen Finanzcluster und -plätzen positiv auswirkt. Der Finanzplatz Zürich ist ein klassischer Cluster.[374]

4.5.11 Fazit

214 Wie die vorangehenden Ausführungen zeigen, sind auf der Unternehmensebene sehr unterschiedliche Standortfaktoren für die Attraktivität des schweizerischen Finanzplatzes massgebend. Einerseits sind dies Gegebenheiten, die oftmals direkt mit dem schweizerischen Finanzplatz assoziiert werden, z.B. das Bankkundengeheimnis oder der starke Schweizer Franken. Auf der anderen Seite bilden jedoch noch weitere Rahmenbedingungen die Grundlage für die Standortattraktivität, die nicht ohne weiteres genannt werden: So wird zum Beispiel die intakte öffentliche Infrastruktur oder auch die Verfügbarkeit von qualifizierten Arbeitskräften von vielen als Selbstverständlichkeit wahrgenommen.

4.6 Produktspezifische Standortfaktoren

4.6.1 Standortfaktoren für Finanzprodukte

215 Wie eingangs erwähnt wurde, gilt es bei den Standortfaktoren die drei Ebenen zu beachten. Dies heisst nun aber nicht, dass auf jeder Ebene unterschiedliche Faktoren für einen Standortentscheid herangezogen werden. Vielmehr bleibt es bei

---

[374] Vgl. JAEGER/GÜSSOW, Beschreibung der staatlichen Rahmenbedingungen des Standortes Schweiz, S. 231, wonach der Raum Basel für die chemische Industrie und die Jura-Region für die Uhrenindustrie Cluster darstellen.

denselben Kriterien – angepasst werden lediglich die Gewichtungen. Die vorerwähnten Kriterien sind mutatis mutandis auch hier anwendbar. Deshalb werden auf dieser Ebene nicht wieder die einzelnen Faktoren spezifisch erläutert, sondern ein konkretes Beispiel aus der Praxis für die Anwendung der für den Finanzmarkt relevanten Standortfaktoren aufgezeigt.

4.6.2 Die Liechtensteiner Investmentunternehmen

216 Ein interessantes und illustratives Anwendungsbeispiel für die Bedeutung von Standortfaktoren auf der Produktebene ist die Erfolgsstory der liechtensteinischen Investmentunternehmen, die mit den schweizerischen Kollektivanlagen zu vergleichen sind.[375] Den Grundstein für den Erfolg des liechtensteinischen Fonds legte das Gesetz vom 3. Mai 1996 über Investmentunternehmen (IUG) und die 2005 erfolgte Totalrevision.[376] Mit dem IUG hat Liechtenstein ein modernes Gesetz geschaffen, das die Attraktivität des Fondsplatzes Liechtensteins erhöhte. Und diese Attraktivität lässt sich in Zahlen ausdrücken: 1996 waren lediglich drei inländische Fonds in Liechtenstein zugelassen, Ende 2006 bereits 208. Und im Jahr 2007 sind weitere 95 inländische Investmentunternehmen hinzugekommen. Aber nicht nur die Anzahl zugelassener Fonds, sondern auch das verwaltete Nettovermögen kletterte in dieser Zeit von 0,7 Milliarden auf heute über 30 Mrd. Franken.[377] Liechtenstein war einst ein armer Agrarstaat,

---

[375] Vgl. TSCHIKOF, Der liechtensteinische Fonds im Aufwind, Private 1/2008, S. 46 f.

[376] LGBl. 1996, Nr. 89 sowie LGBl. 2005 Nr. 156 für die 2005 erfolgte Totalrevision. Die EWR-Mitgliedschaft Liechtensteins erforderte diese Totalrevision gestützt auf die EWR-Richtlinien 2001/107/EG sowie 2001/108/EG. Vgl. auch FINANZMARKTAUFSICHT LIECHTENSTEIN, Jahresbericht 2006, S. 25.

[377] Zum Erfolg der Investmentunternehmen: FINANZMARKTAUFSICHT LIECHTENSTEIN, Jahresbericht 2007, S. 20 ff.; FINANZMARKTAUFSICHT LIECHTENSTEIN, Entwicklung der Bewilligungen inländischer Investment-

bevor es zum heute international anerkannten Finanzplatz wurde.[378]

217 Das rasche und kostengünstige Zulassungsverfahren ist ein grosser Pluspunkt des liechtensteinischen Fondsplatzes, der im Übrigen als einziger in Europa eine gesetzliche Maximalfrist von vier Monaten für die Erteilung der Bewilligung vorsieht.[379] Ferner führt die EWR-Mitgliedschaft Liechtensteins dazu, dass liechtensteinische Investmentunternehmen zum Vertrieb in der EU zugelassen und damit einhergehend EU-kompatibel sind.[380]

218 Ein Hauptgrund liegt wohl im Bereich der Steuerbelastung: Das Fondsvermögen gilt nicht als Steuersubjekt und wird dementsprechend nicht separat besteuert. Ferner erhebt Liechtenstein weder eine Kapital- noch eine Ertragssteuer sowie keine Couponsteuer bei Ausschüttungen und keine Abgabe bei Zeichnung oder Rücknahme von Anteilen. Die einzige Abgabe die auf den Investmentunternehmen erhoben wird, ist die jährliche Aufsichtsgebühr, die mind. CHF 2'000 beträgt und sich am Vermögen des Fonds orientiert.[381]

---

unternehmen, S. 1. Vgl. NZZ vom 29.4.2008, S. 21 (Boom am Finanzplatz Liechtenstein).

378 Vgl. WAGNER, Bankenplatz Liechtenstein, S. 29. Vgl. auch S. 31, wonach die rechtliche Möglichkeit von Stiftungen für Liechtenstein grundlegend war und ist. Denn die Stiftung ist die wichtigste und wohl auch bekannteste Rechtsform des liechtensteinischen Gesellschaftsrechts.

379 Vgl. Art. 56–58 Investmentunternehmensgesetz vom 19. Mai 2005.

380 Vgl. TSCHIKOF, Der liechtensteinische Fonds im Aufwind, Private 1/2008, S. 46 f. MÜLLER/FREI, Administrative Hürden beim KAG, NZZ vom 30.1.2008, S. 65, wonach Schweizer Kollektivanlagen nicht über einen derartigen «Europapass» verfügen.

381 Art. 5 FMA-Gebührenverordnung vom 21.12.2004; vgl. TSCHIKOF, Der liechtensteinische Fonds im Aufwind, Private 1/2008, S. 46 f.

4.6.3 Das Schweizer Kollektivanlagengesetz

219 Seit dem 1. Januar 2007 ist das Bundesgesetz über die kollektiven Kapitalanlagen in Kraft. Das KAG wurde mit dem Ziel erlassen, die Wettbewerbsfähigkeit des Fondsplatzes Schweiz zu erhöhen.[382] Vom rechtlichen Standpunkt her ist man diesem Ziel mit der Schaffung der neuen Investmentgesellschaft mit variablem Kapital (sog. SICAV) und der Kommanditgesellschaft für kollektive Kapitalanlagen (sog. Swiss Limited Partnership) näher gekommen. Betrachtet man jedoch die Bilanz nach gut 18 Monaten, muss leider festgestellt werden, dass der erwünschte Effekt ausblieb. Es stellt sich die Frage, weshalb die Schweizer Fondsindustrie nicht dieselbe Erfolgsgeschichte wie Liechtenstein schreiben konnte und auch weiterhin nicht kann.

220 Die Wurzel des Problems liegt wohl wie so oft beim Faktor Steuern: Das gegenwärtige Steuerregime verhindert nämlich die vollständige Verwirklichung des vorgenannten Ziels und ein Aufschliessen zu den führenden Fondsplätzen Luxemburg und Irland.[383] Denn bei der Einführung des neuen KAG wurde die notwendige Anpassung beim Steuersystem unterlassen. Der Gesetzgeber hat zwar die kollektiven Kapitalanlagen (mit Ausnahme der Investmentclubs) sowohl von der Einkommens- bzw. Gewinnsteuer und Vermögens- bzw. Kapitalsteuer als auch von der Umsatzabgabe in Zusammenhang mit der Verwaltung des Vermögens befreit, aber andere Steuernachteile nicht abgeschafft oder zumindest gemildert.[384]

---

[382] Vgl. BOTSCHAFT DES BUNDESRATES, S. 6405 ff. DEN OTTER, Ein Paradigmenwechsel bei der Genehmigung von Publikumsfonds, S. 65, der das KAG als «Fondsplatz-Förderungsgesetz» bezeichnet.

[383] WINCKLER/ZÜCKER, Steuerstandort Schweiz: Wertschriftenfonds, FuW vom 28.11.2007, S. 27. NOLMANS, Im Bett mit dem Erzfeind, Bilanz 14/2007, S. 58, der folgendes Zitat von URS PH. ROTH, Geschäftleiter der SBVg, erwähnt: «Die Schweiz hat Luxemburg geradezu subventioniert».

[384] Vgl. umfassend zu den steuerlichen Aspekten der Kollektivanlagen HASENBÖHLER, Recht der kollektiven Kapitalanlagen, Rz 1088 ff.; SWISS

221 Ein grosser Standortnachteil, gerade gegenüber Luxemburg und Irland, sind dabei die auf ausgeschütteten Vermögenserträgen zu entrichtenden Verrechnungssteuern. Zudem ist neuerdings die Verrechnungssteuer bei sog. Thesaurierungsfonds abzurechnen, bei denen der Vermögensertrag reinvestiert wird. Diese Ausgangslage wird wohl dazu führen, dass schweizerische kollektive Kapitalanlagen international keine Rolle mehr spielen werden.[385]

222 Aber auch die Genehmigungsverfahren bei Schweizer Fonds sind nicht mit denjenigen der führenden Fondsplätze vergleichbar. Dies wurde erkannt. Eine Verbesserungsmöglichkeit könnte dabei von den Niederlanden kopiert werden. Diese erteilen eine Basisbewilligung an die Fondsleitungen nach einem umfassenden Bewilligungsverfahren. Die geprüften und mit einer Bewilligung ausgestatteten Fondsleitungen müssen danach nicht für jedes Fondsprodukt ein neues Bewilligungsverfahren anstreben. Dies wäre in der Schweiz ebenfalls möglich.[386]

223 Mit der Inkraftsetzung des KAG wurde – wie bereits erwähnt – die Kommanditgesellschaft für kollektive Kapitalanlagen eingeführt. Zusätzlich zu den bereits erwähnten Erfolgshindernissen tritt hier noch ein weiteres Problem auf: Die Besteuerung sowohl der Komplementäre (sog. General Partner) als auch der geschäftsführenden Protagonisten (sog. Fund Manager) ist noch nicht abschliessend geklärt.[387] Oftmals beteiligen sich die Fund Manager bei derartigen Finanzproduk-

---

FINANCIAL CENTER WATCH, Portrait des Finanzplatzes Schweiz, Schlussbericht 2007, S. 36.

385 Vgl. WINCKLER/ZÜCKER, Steuerstandort Schweiz: Wertschriftenfonds, FuW vom 28.11.2007, S. 27.

386 Vgl. DEN OTTER, Ein Paradigmenwechsel bei der Genehmigung von Publikumsfonds, S. 65.

387 Vgl. SWISS FINANCIAL CENTER WATCH, Portrait des Finanzplatzes Schweiz, Schlussbericht 2007, S. 36.

ten privat, um das Anlegervertrauen zu gewinnen und um direkt an der Entwicklung der Kollektivanlage zu partizipieren. Da jedoch die Fund Manager nach der langjährigen Praxis der Steuerbehörden sehr wahrscheinlich als Quasi-Wertschriftenhändler[388] qualifiziert werden, sind die Kapitalgewinne nicht steuerbefreit, sondern unterliegen als Kapitalerträge der Einkommenssteuer. Die Gewinnanteile (sog. Carried Interest) der Fund Manager werden im Ausland teilweise als Kapitalgewinne gewertet und steuerlich privilegiert.[389]

4.6.4 Fazit

224 Obwohl Fondsprodukte klassische Finanzprodukte eines Finanzplatzes sind, konnten die eidgenössischen kollektiven Kapitalanlagen noch keinen Fuss fassen. Leider wird das neue KAG daran nichts ändern können, solange nicht die steuerlichen und aufsichtsrechtlichen Rahmenbedingungen verbessert werden.[390] Dies bestätigt die Tatsache, dass nur ganzheitliche Lösungen, die sämtliche Standortfaktoren berücksichtigen und einbeziehen, Erfolg haben können.

[388] HASENBÖHLER, Recht der kollektiven Kapitalanlagen, Rz 1094 f.

[389] Vgl. SWISS FINANCIAL CENTER WATCH, Portrait des Finanzplatzes Schweiz, Schlussbericht 2007, S. 36; vgl. Handelszeitung vom 31.10. – 6.11.2007, S. 37 (Zürich hat auch seine Vorteile). Demgemäss werden die Gewinnanteile in Grossbritannien als Kapitalgewinn mit 12% besteuert. Wenn hingegen ein Fund Manager in der Schweiz eine gute Performance erzielt und dadurch auch einen höheren Gewinnanteil realisieren kann, muss er aufgrund der Progression auch eine höhere Steuerlast tragen. Vgl. ferner MÜLLER/FREI, Administrative Hürden beim KAG, NZZ vom 30.1.2008, S. 65. Vgl. ferner NZZ vom 20.6.2008, S. 31 (Der Masterplan bleibt bis jetzt schemenhaft).

[390] Vgl. SWISS FINANCIAL CENTER WATCH, Portrait des Finanzplatzes Schweiz, Schlussbericht 2007, S. 33.

4.7 Kundenspezifische Standortfaktoren

4.7.1 Standortfaktoren für Kunden

225 «Was der Bürger im eigenen Land nicht bekommt, das holt er sich ausserhalb.»[391] Dieses Zitat von Bundesrat MERZ bringt den Inhalt dieses Abschnittes auf den Punkt und müsste mit dem Passus «...nicht oder nicht in der gewünschten Qualität ...» ergänzt werden. Da diese Aussage genauso für alle anderen Länder zutrifft, entsteht hier der internationale Wettbewerb. Dabei gilt es, ideale Standortfaktoren für die Kunden zu schaffen und damit weitere Marktanteile in die Schweiz zu ziehen. Überspitzt formuliert: Was der Bürger in seinem Heimatland nicht oder nicht in genügender Qualität bekommt, dass soll er sich in der Schweiz holen. Es versteht sich dabei von selbst, dass hier nicht jede erdenkliche Dienstleistung bzw. jedes mögliche Produkt angeboten werden darf und dabei Spannungsverhältnisse auftreten. Vielmehr scheint Vorsicht bei der Entscheidung geboten, worauf sich die Schweizer Finanzintermediäre einlassen bzw. was sie anbieten.

4.7.2 Private Placement Life Insurance (PPLI)

226 Wie bei der Produktebene bleiben auch hier die Kriterien dieselben: Die vorliegende Publikation beschränkt sich deshalb an dieser Stelle erneut auf die Darstellung eines konkreten Beispiels: Die PPLI als Innovation im Bereich der Lebensversicherungen. Die Tatsache, dass weder in schweizerischen Bibliotheken noch auf schweizerischen Internetdatenbanken Literatur und Informationen zum Thema PPLI zu finden sind, impliziert das innovative Moment dieses Produkts

[391] Votum MERZ, AB 2008 N 403.

für vermögende Kunden auf dem Schweizer Markt, das mehr ist als nur ein Nischengeschäft.[392]

227 PPLI ist die Abkürzung für «Private Placement Life Insurance»[393] und bezeichnet ein alternatives Anlageinstrument für vermögende Kunden. Die PPLI passt nicht in jede Vermögensplanung, aber die potentiellen Vorteile, die mit diesem Instrument erlangt werden können, sowie das breite Anwendungsfeld laden zu einer genaueren Prüfung des Nutzens für die Vermögensplanung ein.[394] Dieses breite Anwendungsfeld und die verschiedenen Gestaltungsmöglichkeiten von PPLI führen dazu, dass *die* Methode oder *die* Funktionsweise gar nicht existiert. Denn im Bereich des Wealth Management zählt vor allem eine Komponente: Erfüllt die Lösung die Ansprüche und Erwartungen des Kunden? Und diese sind von Kunde zu Kunde sehr unterschiedlich.[395] Darin liegt ein entscheidender Faktor für den Erfolg von PPLI: Der Problemlösungsansatz, der auf die Bedürfnisse der Kunden für eine geeignete Steuerplanung und Vermögenserhaltung bzw. -vermehrung eingeht.[396]

4.7.3 Aufbau der PPLI

228 Als grobe Idee – quasi als gemeinsamer Nenner der meisten PPLI-Lösungen – gilt: Die PPLI lässt sich in eine Lebensversicherungskomponente und in eine Vermögensverwaltungs-

---

[392] Vgl. HUBER, Gut strukturiert ist halb gewonnen, NZZ vom 25.6.2008, SB 27. Anders im US-Lebensversicherungsmarkt aus, wo die meisten grossen Lebensversicherungsgesellschaften im PPLI-Markt oder in daraus abgewandelten Märkten tätig sind; vgl. LAWSON, An Introduction to PPLI, S. 17.

[393] Vgl. LAWSON, An Introduction to PPLI, S. 1.

[394] Vgl. LAWSON, An Introduction to PPLI, S. X.

[395] Vgl. LAWSON, An Introduction to PPLI, S. 1.

[396] Vgl. HUBER, Gut strukturiert ist halb gewonnen, NZZ vom 25.6.2008,SB 27.

komponente aufteilen. In der Realität manifestiert sich diese Aufteilung zwischen mehreren Finanzintermediären im weitesten Sinnen: Der Lebensversicherungsteil wird von einer Versicherungsgesellschaft und der Vermögensverwaltungsteil wird von Banken im Bereich Private Banking umgesetzt.[397] Trotz dieser Zweigeteiltheit der PPLI fand sie ihren Ursprung bei den Lebensversicherungsgesellschaften, die ihrerseits nach Innovationen für vermögende Kunden suchten. Dabei setzt die Annahme einer Versicherungsleistung – zumindest im Sinne der schweizerischen Gesetzgebung – einen Risikotransfer voraus, für den im Gegenzug eine Risikoprämie an den Versicherer entrichtet wird. Ohne dieses Element würde keine Versicherung vorliegen und die Versicherungsgesellschaften dürften keine derartigen Lösungen anbieten. Das für die Versicherung eingesetzte Kapital bleibt bei den Privatbanken, die ihrerseits dafür die laufenden Verwaltungskommissionen beziehen und das entsprechende Kapital zu ihrem verwalteten Vermögen hinzurechnen.

4.7.4 Vorteile für den Kunden von PPLI

229 Aber warum sind PPLI für Kunden überhaupt interessant? In den Vereinigten Staaten lag der Grund – wie dies oft bei derartigen Produkten der Fall ist – in einer steuerrechtlichen Unterscheidung: Nur sog. «permanent coverage»-Lebensversicherungen (im Gegensatz zu den sog. «term coverage») profitieren von Steuervorteilen. Eine permanent coverage in den Vereinigten Staaten liegt dann vor, wenn folgende Voraussetzungen erfüllt sind: Cash value, d.h. es handelt sich um eine rückkaufsfähige Lebensversicherung; Absicht, sich das ganze Leben versichern zu lassen; higher premiums. Also auch hier war die Steuerüberlegung eine tragende Grundvoraussetzung für die Entwicklung des Produktes. Und da die Kapitalgewin-

[397] Vgl. HUBER, Gut strukturiert ist halb gewonnen, NZZ vom 25.6.2008,SB 27.

ne des Privatvermögens steuerbefreit sind, werden nur die laufenden Erträge besteuert.[398]

230 Der Vollständigkeit halber gilt es anzumerken, dass die Frage, wo diese innovativen Produkte angesiedelt sind, nicht auf die Kundenebene, sondern auf die Produktebene gehört. Ohne näher den Markt von PPLI zu betrachten, scheint es interessant, dass sich aus Sicht des schweizerischen Versicherungsmarktes in Liechtenstein heute einer der führenden Standorte befindet. Alternativen für Europa finden sich in Irland und Luxemburg und für den asiatischen Markt in Singapur.[399]

4.7.5 Weitere Faktoren für Kunden

231 Gewiss sind Steuervorteile wichtige Gründe für einen Kunden, aber nicht die Einzigen. Gemäss GALLAROTTI lässt sich insbesondere im Zuge des durch die Subprime-Krise zweifelsohne erschwerten Umfelds ein erhöhter Druck durch Kunden erkennen. Marktbedingt tiefer bewertete Vermögenswerte schmälern die Erträge der Kunden und führen zu einer steigenden Skepsis gegenüber den Beratern. Dabei stören sich die – grundsätzlich gut informierten – vermögenden Kunden an den ungenügenden Qualifikationen ihrer Betreuer. Ferner sind sie unzufrieden mit teilweise intransparenten Anreizen, die den Berater dazu verleiten, hauseigene Produkte an Stelle von besseren Drittprodukten zu empfehlen. Nicht wenige Klienten neigen dazu, weiteren Rat von unabhängigen Beratern einzuholen. Aus der von GALLAROTTI angeführten DELOITTE-Umfrage geht hervor, dass für vermögende Kunden

---

[398] Vgl. dazu LAWSON, An Introduction to PPLI, S. 3 f.
[399] Vgl. HUBER, Gut strukturiert ist halb gewonnen, SB 27.

Diversifikation, Performance und Effizienz wichtige Faktoren sind.[400]

4.7.6 Fazit

232 Abschliessend muss festgehalten werden, dass der Kunde genauso eigene Standortfaktoren in Erwägung ziehen muss, wie auch die Standortfaktoren des angebotenen bzw. des gewünschten Produktes selbst. Denn wie die Abhandlung zur PPLI zeigt, zeichnen sich gute Lösungen durch das Zusammenspiel der zwei Ebenen aus. Wenn der Fokus einer Unternehmung auf dieses Zusammenspiel gerichtet ist, dann muss Folgendes gelten: Was der Bürger in seinem Heimatland nicht oder nicht in genügender Qualität bekommt, dass soll er sich bei uns holen.

400 NZZ vom 16.5.2008, S. 23 (Wenn reiche Kunden ihrer Bank misstrauen). Vgl. zum Ganzen auch DELOITTE, Reconnecting for profit, S. 3.

5. DER FAKTOR STEUERN

5.1 Begriff Steuerfaktor

233 Der Begriff «Steuerfaktor» scheint auf den ersten Blick klar. Jedoch was genau unter dem schillernden Begriff zu verstehen ist, kann nicht ohne weiteres beantwortet werden. Aus diesem Grund wird an dieser Stelle der Begriff «Steuerfaktor» kurz skizziert und in einzelne Bestandteile aufgegliedert, ohne dabei einen vollständigen Überblick geben zu wollen. Wiederum muss der Vollständigkeit halber festgehalten werden, dass sich der steuerliche Faktor auf den drei Ebenen unterschiedlich auswirken kann und eine unterschiedliche Bedeutung hat. Im Folgenden wird die Unternehmensebene näher betrachtet und nur punktuell wird auf die beiden anderen Ebenen hingewiesen.

5.1.1 Steuersatz

234 Beobachtet man die gegenwärtige Berichterstattung in den Medien, lässt sich feststellen, dass häufig der Steuersatz als relevantes Kriterium herangezogen wird. Gemäss MÜLLER ist im Bereich der Unternehmensbesteuerung häufig die Gewinnsteuer der Dreh und Angelpunkt.[401] Gewiss ist dies ein wichtiger Bestandteil eines Steuersystems, jedoch bestimmt nicht der Einzige.

---

[401] Vgl. MÜLLER, Steuerstandort Schweiz im Fokus der Global Players – Auch nichtsteuerliche Faktoren sind für die Standortwahl von Bedeutung, FuW vom 26.9.2007, S. 25.

5.1.2 Fiskalquote

235 Eine andere Messgrösse für die steuerliche Attraktivität ist die sog. Fiskalquote: Diese misst die Fiskaleinnahmen eines Landes im Verhältnis zu seinem BIP. Dabei ist eine tiefe Fiskalquote der Inbegriff einer zurückhaltenden Belastung mit Steuern und Sozialabgaben durch den Staat.[402] Die provisorische Fiskalquote der Schweiz lag gemäss OECD im Jahr 2006 bei 29,3%, was verglichen mit den 39,8% der EU15 relativ niedrig ist, jedoch leicht über den Vereinigten Staaten liegt (28,2%).[403] Die Fiskalquote berücksichtigt somit nicht nur die Steuern als Abgaben an den Staat, sondern auch die zwingenden Sozialversicherungsabgaben, die nicht unwesentlich sein können. Denn einige Staaten nehmen eine starke Umverteilung über die Sozialversicherungen vor, wohingegen andere Steuern im engeren Sinne dafür erheben.

5.1.3 Doppelbesteuerungsabkommen

236 Ein weiterer wichtiger Bestandteil eines Steuerregimes liegt in der Verwirklichung eines umfassenden Netzwerks internationaler Doppelbesteuerungsabkommen, die eine wirtschaftliche Doppelbesteuerung durch zwei verschiedene Besteuerungshoheiten verhindern bzw. zumindest lindern sollen. Der Bestand derartiger Doppelbesteuerungsabkommen ist insbesondere bei länderübergreifend tätigen Unternehmen von eminenter Wichtigkeit.[404] Für die Ausgestaltung derartiger Doppelbesteuerungsabkommen hat die OECD ein Musterab-

---

[402] Vgl. WAGNER, Bankenplatz Liechtenstein, S. 26.

[403] OECD, Revenue Statistics, Table A.

[404] Vgl. WAGNER, Bankenplatz Liechtenstein, S. 28 f; MÜLLER, Steuerstandort Schweiz im Fokus der Global Players – Auch nichtsteuerliche Faktoren sind für die Standortwahl von Bedeutung, FuW vom 26.9.2007, S. 25; MORF, Steuerstandort Schweiz: Missbrauchsbeschluss, FuW vom 31.10.2007, S. 27.

kommen publiziert. Da Doppelbesteuerungsabkommen jedoch völkerrechtliche Verträge sind, die zwischen zwei Staaten abgeschlossen werden, kann von diesem Musterabkommen ohne weiteres abgewichen werden.[405]

5.1.4 Erhebungsaufwand

237 Neben der effektiven Steuerzahllast muss die administrative Belastung der Unternehmen berücksichtigt werden. Der sog. Erhebungsaufwand schlägt sich nicht nur in hohen Personalkosten nieder, sondern oftmals auch in einer grossen Verunsicherung bei den Steuerpflichtigen. So hält PRICEWATERHOUSECOOPERS/THE WORLD BANK folgendes fest: «There is a growing concern that the regulatory burden can inhibit businesses' ability and willingness to invest and grow as they struggle to remain competitive. Tax is a large component of this regulatory burden which is why it is useful to find a measure that enables us to compare the tax compliance and regulatory regimes around the world.»[406]

5.1.5 Einkommenssteuern

238 Das vorne erwähnte «skilled personnel» setzt sich aus gut ausgebildeten Spezialisten und Kadermitarbeitern zusammen, an die eine entsprechende Entlöhnung entrichtet werden muss. Folglich stellt sich gerade für Grossverdiener in Staaten mit progressiven Steuertarifen die Frage nach der Steuerbelastung. Denn wer viel verdient, aber den Grossteil dem Staat abliefern muss, stellt sich die berechtigte Frage, ob er das wirklich will. Die Einkommenssteuern sind ein wichtiger

[405] Vgl. für Liechtenstein WAGNER, Bankenplatz Liechtenstein, S. 29.
[406] PRICEWATERHOUSECOOPERS/THE WORLD BANK, Paying Taxes 2008, The Global Picture, S. 43.

Faktor für die Attraktivität der Schweiz als Arbeitgeberland für die notwendigen und gesuchten Spezialisten.[407] Umso mehr verwundert beispielsweise das Vorgehen der britischen Regierung im Zusammenhang mit der Aufhebung der Steuervorteile für sog. Non-Doms: «Finally, for the UK changes proposed to the UK's ‹non-domiciled› tax status will reduce a significant benefit and appeal of living in London, but the full effects will be seen only when (and if) the changes come into effect in April 2008.»[408] Aufgrund der immensen Proteste und der Befürchtung eines massiven Attraktivitätsverlusts wurde die Reform nicht wie geplant umgesetzt – das letzte Wort ist jedoch noch nicht gesprochen.

5.2 Bedeutung des Standortfaktors Steuern

239 Ein Zitat von Finanzminister HANS-RUDOLF MERZ besagt: «Steuern sind nicht alles. Aber alles ist nichts ohne Steuern.»[409] Attraktive Steuern sind seiner Ansicht nach nicht nur ein starker Standortfaktor, sondern eine Grundvoraussetzung dafür, dass andere Standortfaktoren überhaupt zum Zuge kommen. Regulatorische Rahmenbedingungen gehören neben den steuerlichen Rahmenbedingungen zu den wichtigsten Faktoren bei Standortentscheidungen der Marktteilnehmer.[410]

240 Die enorme Berichterstattung über den «Steuerstreit»[411] zwischen der Schweiz und der EU sowie über die Themen

[407] Vgl. NZZ vom 11.6.2008, S. 19 (Debatte um Rabatte).
[408] CITY OF LONDON, The Global Financial Centres Index, S. 59.
[409] NZZ vom 6.3.2008, S. 16 (Rückenstärkung für den Bundesrat).
[410] HÜPKES, Globale Märkte und nationale Regulierung – die Schweizer Finanzplatzpolitik vor neuen Herausforderungen, GesKR 4/2007, S. 350; vgl. auch BÜCHEL, Die Gründung einer Bank im Fürstentum Liechtenstein, S. 64.
[411] Die EU-Kommission greift dabei die in den kantonalen Steuergesetzen bzw. im StHG geregelten Unternehmenssteuerarten für Holdinggesellschaften,

Steuern und Steuerwettbewerb insgesamt indiziert die Bedeutung von Steuerfragen für den Standortwettbewerb und damit einhergehend für die schweizerische Volkswirtschaft.[412]

241 Gemäss MÜLLER gilt das Schweizer Steuersystem als kompetitiv.[413] Ausschlaggebend dafür sind tiefe Gewinnsteuersätze, die Kontinuität der Steuerpolitik sowie die Ruling Policy der Steuerbehörden.[414] Dabei kommt nicht nur der Höhe der Gewinnsteuersätze eine Bedeutung zu, sondern vielmehr auch anderen Kriterien wie der Rechtssicherheit und der Flexibilität der Behörden.[415] Markenzeichen des eidgenössischen Steuersystems sind günstige steuerliche Rahmenbedingungen und ein starkes Steuergeheimnis.

5.3 Hindernisse des Schweizer Steuersystems

242 Selbst wenn die Schweiz grundsätzlich über ein wettbewerbsfähiges Steuersystem verfügt, kann man – zumindest aus standortpolitischer Sicht – nicht behaupten, dass es perfekt

Verwaltungsgesellschaften sowie Domizilgesellschaften an und macht geltend, diese drei Systeme stellen eine staatliche Beihilfe dar und verletzen daher das Freihandelsabkommen von 1972. Vgl. zum Ganzen GEHRIGER/RETTIG, Steuerwettbewerb – Schweizer Steuersystem weiterhin kompetitiv, ST 2007, S. 682.

412 Vgl. GEHRIGER/RETTIG, Steuerwettbewerb – Schweizer Steuersystem weiterhin kompetitiv, ST 2007, S. 683; MÜLLER, Steuerstandort Schweiz im Fokus der Global Players – Auch nichtsteuerliche Faktoren sind für die Standortwahl von Bedeutung, FuW vom 26.9.2007, S. 25.

413 Vgl. MÜLLER, Steuerstandort Schweiz im Fokus der Global Players – Auch nichtsteuerliche Faktoren sind für die Standortwahl von Bedeutung, FuW vom 26.9.2007, S. 25.

414 NZZ vom 2.7.2008, S. 23 (Die Schweiz darf sich nicht auf den Lorbeeren ausruhen).

415 Vgl. MÜLLER, Steuerstandort Schweiz im Fokus der Global Players – Auch nichtsteuerliche Faktoren sind für die Standortwahl von Bedeutung, FuW vom 26.9.2007, S. 25.

ist. Vielmehr werden regelmässig dieselben Mängel moniert und entsprechende Verbesserungen gefordert. Unter anderem sind gegenwärtig folgende Themen Gegenstand (unternehmens-)steuerpolitischer Diskussionen: Mehrwertsteuerreform[416], der unilaterale Missbrauchsbeschluss bei DBA[417], Mangel eines Konzernsteuerrechts in der Schweiz[418], Nachteile mit der Verrechnungssteuer[419] und insb. die Stempelabgaben.[420] Der Eurobondhandel z.B. wanderte teilweise wegen der eidgenössischen Stempelabgaben nach London ab.[421]

243 Gemäss aktueller Absicht der EU werden die Emissionsabgaben bis 2010 vollständig aus dem Gemeinschaftsraum verschwinden. Unabhängig von der gesamteuropäischen Abschaffung kennen heute ohnehin nur noch wenige Mitgliedsstaaten die Emissionsabgaben und es ist absehbar, dass die Schweiz bald der einzige Staat in Europa sein wird, der

---

416 Vgl. NZZ vom 27.6.2008, S. 11 (Vereinfachung mit oder ohne Einheitssatz).

417 Vgl. LINDER/MÜLLER, Steuerliche Anreize für Forschung und Entwicklung, ST 2008, S. 152; MÜLLER, Steuerstandort Schweiz im Fokus der Global Players – Auch nichtsteuerliche Faktoren sind für die Standortwahl von Bedeutung, FuW vom 26.9.2007, S. 25; MORF, Steuerstandort Schweiz: Missbrauchsbeschluss, FuW vom 31.10.2007, S. 27.

418 Vgl. MEYER, Steuerstandort Schweiz: Gruppenbesteuerung, FuW vom 14.11.2007, S. 30.

419 Vgl. WINCKLER/ZÜCKER, Steuerstandort Schweiz: Wertschriftenfonds, FuW vom 28.11.2007, S. 27; MÜLLER, Steuerstandort Schweiz im Fokus der Global Players – Auch nichtsteuerliche Faktoren sind für die Standortwahl von Bedeutung, FuW vom 26.9.2007, S. 25; MEYER, Steuerstandort Schweiz: Verrechnungssteuer – Umdenken zugunsten der Steuerpflichtigen notwendig, FuW vom 10.10.2007, S. 29; SWISS FINANCIAL CENTER WATCH, Portrait des Finanzplatzes Schweiz, Schlussbericht 2007, S. 35 f.; JAUSSI, Steuerstandort Schweiz: Steuerrechtlicher Obligationenbegriff, FuW vom 20.10.2007, S. 34.

420 Vgl. LINDER/MÜLLER, Steuerliche Anreize für Forschung und Entwicklung, S. 152; BRÖNIMANN, Steuerstandort Schweiz – Emissionsabgabe abschaffen, S. 33.

421 Vgl. NZZ vom 20.6.2008, S. 31 (Der Masterplan bleibt bis jetzt schemenhaft).

Emissionsabgaben erhebt, wenn nicht bald Reformmassnahmen ergriffen werden.[422]

244 Die Emissionsabgabe ist problematisch. Sie verhindert besonders kapitalintensive Investitionen, weil diese Abgabe zu einem Mehraufwand führt, der im Ausland nicht anfällt.[423] Darüber hinaus ist die Emissionsabgabe nicht nur bei Neugründung und Kapitaleinlagen ein Negativpunkt, sondern auch international tätige Schweizer Unternehmen werden durch die Emissionsabgabe unnötigen Belastungen ausgesetzt.[424] Im Jahr 2007 erhob der Bund knapp drei Mrd. Franken Stempelabgaben was rund 7% der Fiskaleinnahmen des Bundes oder aber 0,6% des schweizerischen BIP entspricht.[425] Wenn man nun beachtet, dass die inländischen Unternehmen, die sich auf dem Kapitalmarkt finanzieren, eine umständliche Strukturierung über das Ausland vornehmen und so verhindern, dass in der Schweiz Emissionsabgaben anfallen, dann ist das nichts anderes als administrativer und betriebswirtschaftlicher Aufwand ohne das Staatseinkommen der Schweiz zu erhöhen.[426] So ist die Emissionsabgabe nur noch als Unfallsteuer bei schlechter Steuerplanung zu betrachten und wohl über kurz oder lang abzuschaffen.

---

422 Vgl. NZZ vom 2.7.2008, S. 23 (Die Schweiz darf sich nicht auf den Lorbeeren ausruhen).

423 MÜLLER, Steuerstandort Schweiz im Fokus der Global Players – Auch nichtsteuerliche Faktoren sind für die Standortwahl von Bedeutung, FuW vom 26.9.2007, S. 25.

424 Verblüffend erscheint in diesem Zusammenhang die bei SELL, A special report on financial centres, The Economist vom 15.9.2007, S. 12, erwähnte Tatsache, dass «In an effort to calm the stockmarket frenzy, the authorities [of China] earlier this year [2007] tripled the stamp duty charged on transactions.»

425 EIDGENÖSSISCHE STEUERVERWALTUNG, Fiskaleinnahmen des Bundes 2007, S. 27 und S. 98.

426 JAUSSI, Steuerstandort Schweiz: Steuerrechtlicher Obligationenbegriff, FuW vom 20.10.2007, S. 34.

5.4 Steueranreize der bestehenden Steuersysteme

5.4.1 Andere Länder, andere Anreizsysteme

245 Genauso mannigfach wie die Steuersysteme der einzelnen Länder ausgestaltet sind, existieren innerhalb dieser Steuersysteme unterschiedliche Ansätze zur Steigerung der steuerlichen Attraktivität, wobei Steuererleichterungen in vielen Systemen bekannt sind. Das Instrument der Steuererleichterung ist dabei in der Schweiz schon lange bekannt: Biels Aufstieg zur Uhrenstadt wurde beispielsweise 1850 eingeleitet mittels Steuererleichterungen für zuziehende Uhrmacher. Heute noch sind berühmte Marken in dieser Region beheimatet und haben dort einen tragenden Einfluss.[427]

5.4.2 Steuervergünstigungen

246 Steuervergünstigungen im Zusammenhang mit Aufwendungen können technisch gesehen auf zwei Arten erfolgen: Entweder werden Abzüge auf die Steuerbemessungsgrundlage oder Abzüge von der Steuerschuld gewährt. Daraus resultieren die folgenden drei Grundtypen: Steueraufschub, Steuerfreibeträge sowie Steuergutschrift.[428] Bei Steuervergünstigungen im Zusammenhang mit Erträgen kann beispielsweise eine privilegierte Besteuerung von Erträgen aus Immaterialgüterrechten gewährt werden. Technisch lässt sich diese Privilegierung mit einem tieferen Steuersatz oder aber mit einer Teilbesteuerung umsetzten.[429] Dies ist bei der oben erwähnten Besteue-

---

[427] WERTPAPIERWELT, Tradition und Innovation, Schweizer Wirtschaftsgeschichte auf Wertpapieren, S. 37.

[428] LINDER/MÜLLER, Steuerliche Anreize für Forschung und Entwicklung, ST 2008, S. 147, mit weiteren Hinweisen.

[429] Vgl. LINDER/MÜLLER, Steuerliche Anreize für Forschung und Entwicklung, ST 2008, S. 147.

rung der sog. «carried interests» in Grossbritannien der Fall.[430]

5.4.3 Steueranreize bei den Einkommenssteuern

247 Eine weitere Möglichkeit für steuerliche Anreize setzt jedoch nicht bei den Unternehmenssteuern im engeren Sinne an, sondern bei den Lohnquellensteuern, bei den Sozialabgaben oder bei den Einkommenssteuern. Dadurch werden die im Finanzbereich – aber beispielsweise ebenso im Bereich Forschung und Entwicklung – meist hohen Personalkosten gesenkt und attraktive Rahmenbedingungen für das «skilled personnel» sowie die Unternehmung geschaffen.[431]

5.4.4 Selektive oder allgemeine Steueranreize

248 Steueranreize können sowohl als allgemeine als auch als selektive Massnahmen ausgestaltet sein. Die Ersteren stehen allen Unternehmen offen, wohingegen bei den Letzteren nur bestimmte Branchen, Produkte oder Regionen profitieren können.[432] Dabei gilt es zu beachten, dass selektive Massnahmen grundsätzlich als staatliche Beihilfen betrachtet werden, die insbesondere gegen Gemeinschaftsrecht der EU verstossen. Folglich sind in den EU-Mitgliedstaaten die meisten bestehenden Massnahmen als allgemeine implementiert.[433]

---

[430] Vgl. Rz 223.

[431] Vgl. LINDER, Steuerstandort Schweiz: Unternehmensinvestitionen in F&E, FuW vom 6.10.2007, S. 33.

[432] Vgl. LINDER/MÜLLER, Steuerliche Anreize für Forschung und Entwicklung, ST 2008, S. 148.

[433] LINDER/MÜLLER, Steuerliche Anreize für Forschung und Entwicklung, ST 2008, S. 149.

249 Aber in der Schweiz sind Ausnahmen von der Regelbesteuerung möglich: Die Besteuerung als Prinzipalgesellschaft, die auf eine Änderung der Bemessungsgrundlage abzielt oder aber spezifische Wirtschaftsförderungsmassnahmen wie «tax holyday» oder die Lex Bonny.[434] Ganz besonders attraktiv ist die Schweiz im Bereich der Mehrwertsteuersätze. Mit einem Normalsatz von 7,6% ist der Konsum in der Schweiz vergleichsweise niedrig besteuert.[435] Leider ist hier der Erhebungsaufwand aufgrund der vielen Ausnahmen sehr gross, was als Nachteil zu sehen ist. Bestrebungen zur Vereinfachung sind momentan im Rahmen der Mehrwertsteuerreform im Gange.

5.4.5 Legitimität des Steuerwettbewerbs

250 Die dargelegte Ausgangslage zeigt, dass sich die steuerliche Attraktivität nicht nur anhand des Gewinnsteuersatzes feststellen lässt, sondern dass mehrere Komponenten berücksichtigt werden müssen. Folglich lässt sich der Hebel zur Steigerung der Steuerattraktivität des Finanzplatzes Schweiz bzw. des ganzen Wirtschaftsstandorts an mehreren Orten ansetzten.[436] Klar ist, dass eine angemessene Steuerbelastung bzw. ein attraktives Steuersystem insgesamt ein auf lange Sicht hin entscheidender Standortfaktor für die Erhaltung einer gesunden Wirtschaft ist.[437] Die umstrittene Frage ist dabei, inwieweit tragenden Sektoren, beispielsweise dem Finanzsektor, weitere steuerpolitische Vorzüge gewährt werden sollen und wie diese umzusetzen sind. Es geht um die sophistisierte Fra-

---

[434] Vgl. GEHRIGER/RETTIG, Steuerwettbewerb – Schweizer Steuersystem weiterhin kompetitiv, ST 2007, S. 679 f.

[435] Vgl. GEHRIGER/RETTIG, Steuerwettbewerb – Schweizer Steuersystem weiterhin kompetitiv, ST 2007, S. 681.

[436] Vgl. BÜCHEL, Die Gründung einer Bank im Fürstentum Liechtenstein, S. 64.

[437] Vgl. BÜCHEL, Die Gründung einer Bank im Fürstentum Liechtenstein, S. 64.

ge der Legitimität des Steuerwettbewerbs?[438] GEMPERLE hält dabei Folgendes fest: «Steuerwettbewerb darf nicht heissen, dass nach rein opportunistischen Gesichtspunkten Steuerprivilegien gewährt werden. Sonst würde das Steuersystem willkürlich und die Steuermoral, die in der Schweiz noch einigermassen intakt zu sein scheint, müsste leiden.» Zwar soll der Staat fördern, aber nicht Strukturpolitik betreiben. Auf dieses Spannungsverhältnis soll hier nicht näher eingegangen werden.

5.4.6 Grenzen der Steueranreizsysteme

251 Selbstverständlich sind den Steueranreizen Grenzen gesetzt. Einerseits durch den internationalen Druck – wie ihn die Schweiz zurzeit beispielsweise von Seiten der EU und der USA erlebt – wird klar, dass in einer globalisierten Wirtschaftswelt trotz der Souveränität einzelner Staaten den steuerlichen Anreizen Leitplanken gesetzt sind. Grundsätzlich kann aber festgehalten werden: «Je höher die Gewinnsteuersätze oder die Sozialabgaben, desto grösser ist das Interesse, Steuervergünstigungen zu erhalten.»[439] Andererseits besteht die faktische Hürde, dass viele Steueranreize nur bei erfolgreichen Unternehmen wirken, weil sich die entsprechenden Erleichterungen am Gewinn orientieren. Kurz: Ohne Gewinn keine Erleichterung.[440]

---

[438] Vgl. NZZ vom 8.5.2008, S. 34 (Der Steuerwettbewerb heiligt nicht alle Mittel).

[439] LINDER/MÜLLER, Steuerliche Anreize für Forschung und Entwicklung, ST 2008, S. 147.

[440] LINDER/MÜLLER, Steuerliche Anreize für Forschung und Entwicklung, ST 2008, S. 147.

5.5 Fazit

252 Die grosse Bedeutung des Faktors Steuern ist unbestritten. Bestritten ist nur, wie gross sie ist. Und hier lässt sich keine universal gültige Aussage treffen, da die einzelnen Finanzunternehmen und Produkte – trotz Zugehörigkeit zu einem Wirtschaftssektor – sehr heterogen sind. Aber wegen der tragenden Rolle der Steuern verfügt der Staat über ein effektives Instrument zur Steigerung der Standortattraktivität. Wichtig ist dabei, dass er keine Strukturpolitik betreibt und die ganze Volkswirtschaft mit all ihren Zweigen gleich behandelt. Gefragt sind also ganzheitliche Lösungen, welche die Standortattraktivität der Schweiz insgesamt fördern. Entscheidend ist aber, dass die Standortattraktivität weiter gesteigert wird und sich die Schweiz dem zunehmend härter werdenden Wettbewerb stellt. Die Schweiz darf sich nicht auf ihren Lorbeeren ausruhen: Denn wenn das geschieht, kann das verheerende Konsequenzen für den Standort Schweiz zeitigen.

TEIL II THESEN

6. AUSGANGSLAGE, VORGEHEN, ERGEBNISSE

253 Im Rahmen einer Online-Umfrage des Instituts für Finanzdienstleistungen Zug IFZ der Hochschule Luzern wurden neun von den Autoren dieser Publikation aufgestellte Thesen untersucht. Im Fokus lag das Verhältnis zwischen Reputation und Regulation für den Finanzplatz Schweiz als Ganzes und seine Unternehmen im Einzelnen sowie die Rolle und die Bedeutung der Banken- bzw. der Finanzmarktaufsicht. Da sich die Umsetzung der Finanzmarktaufsicht direkt auf die innerbetriebliche Organisation (wie unternehmensinterne Regulierung und Kontrolle) auswirkt, wurde aus einer mikroökonomischen Perspektive hinterfragt, ob und gegebenenfalls was das den einzelnen Instituten bringt: Inwiefern kann eine strengere und weitergehende, quasi mehr als nötige, Umsetzung von regulatorischen Rahmenbedingungen einen Mehrwert schaffen sowohl für die Unternehmung selbst, als auch für die Reputation des Finanzplatzes insgesamt?

254 Für die empirische Überprüfung der Thesen und Fragestellungen führten die Autoren eine Online-Umfrage durch. Das Teilnehmer-Sample setzt sich überwiegend aus ehemaligen Absolventinnen und Absolventen sowie Dozierenden des Lehrgangs Diploma of Advanced Studies Compliance Management am IFZ zusammen. Die Dozierenden stammen von Behörden, Banken, Versicherungen, aus der Beratung und der Wirtschaftsprüfung. Neben der Praxis ist auch die Lehre vertreten. Überdies wurden knapp 30 in der Öffentlichkeit bekannte, an Finanzfragen speziell interessierte Persönlichkeiten angegangen.

255 Insgesamt wurden 350 im Finanzbereich tätige oder an diesem als Wissenschaftler, Politiker oder Verbandsvertreter interessierte Personen kontaktiert. Die Online-Umfrage wurde von 151 Teilnehmenden im Zeitraum zwischen dem 14. Mai und dem 15. Juni 2008 vollständig beantwortet. Die Rücklaufquote beträgt somit 43%.

Tätigkeitsgebiet der Antwortenden	**Anzahl Antworten**	**Prozent**
Compliance	65	43,05
Andere	23	15,23
Private Banking	11	7,28
Rechtsberatung	11	7,28
Riskmanagement	7	4,64
Staatliche Aufsicht/Institution	7	4,64
Forschung/Hochschule	5	3,31
Revisionsunternehmen	5	3,31
Retail Banking	4	2,65
Vermögensverwaltung	3	1,99
Versicherungen	3	1,99
Alternative Finanzanlagen	2	1,32
Unternehmensberatung	2	1,32
Fondsverwaltung	1	0,66
Investment Banking	1	0,66
Private Equity	1	0,66

Abb. 4: Tätigkeitsgebiete der vollständig Antwortenden

68% der Befragten bezeichnen ihre Stellung als überwiegend dem Back Office zugehörend, wohingegen 32% der Befragten ihre Stellung als überwiegend dem Front Office zugehörend bezeichnen. Unter der Rubrik «Andere» wurden ferner folgende Tätigkeiten aufgeführt: «Investment Banking und Risk Management», «Revision», «International Financial Planning, Family Office», «Recovery», «Rechtsdienst», «Consultancy», «Finanzmarktaufsicht», «PR», «Legal und Compliance», «Fachstelle Geldwäscherei», «Interne Revision» (2), «Bankenverband», «SRO», «Bankfachausbildung, vor allem Bereich Anlage», «Aufsicht», «Risk und Compliance», «Verband», «Verband/Politik», «Selbstregulierung Börse», «Kommunikation».

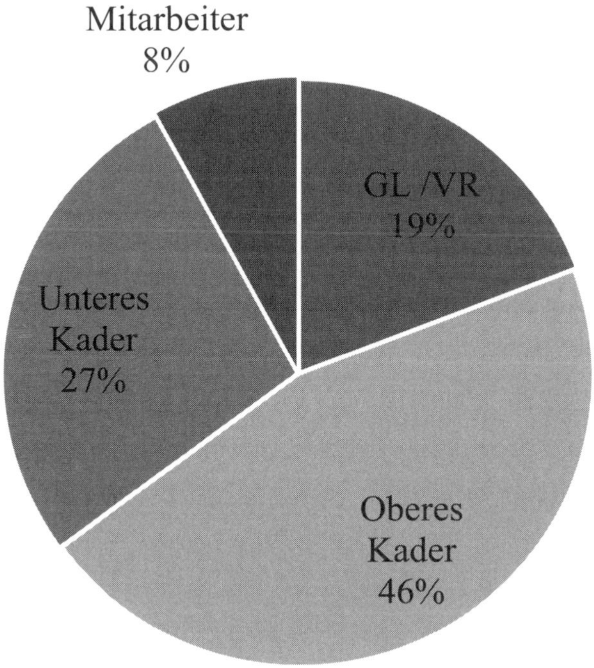

Abb. 5: Hierarchiestufe der Befragten

256 Nachfolgend werden die Antworten bei der entsprechenden These ausgewertet. Zuerst wird jeweils die These genannt, dann folgt ein Kommentar und schliesslich werden die Resultate mit einer grafischen oder tabellarischen Übersicht visualisiert. Dabei haben die Autoren eine Auswahl von Ergebnissen getroffen, welche kommentiert werden. Der Kommentar ist somit keineswegs abschliessend und vor allem als Anstoss und Plattform für weitere Diskussionen zu betrachten.

7. THESENÜBERSICHT

These 1

Die Regulierung eines Finanzplatzes bildet bei einem Standortentscheid nur *einen* Schlüsselfaktor unter mehreren.

These 2

Der erfolgreiche Finanzplatz zeichnet sich durch eine bestimmte Regulierungsdichte aus.

These 3

Der Faktor Steuern insgesamt ist die wichtigste Komponente bei einem Standortentscheid.

These 4

Die Regulierung der Finanzdienstleistungsbranche ist hauptsächlich durch internationale Standards und Zwänge dominiert. Es gibt kaum Handlungsspielraum für den Schweizer Gesetzgeber.

These 5

Der Staat muss aktiv die Bemühungen der Privatwirtschaft unterstützen und den Finanzplatz international fördern.

These 6

Für die Wahl des Standortes bzw. des Instituts ist nicht nur die Reputation des Finanzplatzes entscheidend, sondern vor allem auch die Reputation der einzelnen Finanzintermediäre.

These 7

Der Finanzintermediär kann sich mit interner Selbstregulierung profilieren und dadurch einen Mehrwert generieren.

These 8

Im Private Banking steht die enge Kundenbindung im Zentrum, weshalb auch die unternehmensinterne Regulierung im Sinne allgemeiner Verhaltensgrundsätze wichtig ist.

These 9

Produkte und Dienstleistungen von Finanzintermediären orientieren sich nach den Kunden und die Kunden folgen den Produkten und Dienstleistungen der Finanzintermediäre.

8. THESEN UND AUSWERTUNG

These 1

Die Regulierung eines Finanzplatzes bildet nur einen Schlüsselfaktor unter mehreren für einen Standortentscheid.

257 Die gute Reputation des Finanzplatzes bildet – um in der Sprache der Finanzbranche zu bleiben – das wichtigste Asset, wenn es um die Standortdiskussion für Finanzdienstleistungen geht. Reputation schafft Vertrauen und dieses Vertrauen begründet sich weiter in der politischen Stabilität der Schweiz, die ebenfalls im Vordergrund steht. Die Regulierung prägt die Reputation. Die Autoren verstehen unter Regulierung sämtliche Gesetze, Vorschriften und Regeln, die von einem Staat oder einer Selbstregulierungsorganisation mit dem Ziel erlassen werden, den Gläubiger-, den Anleger- und den Systemschutz sowie die Stabilität, die Integrität und die Effizienz des Finanzsystems zu gewährleisten. Davon ist nicht nur das Aufsichtsrecht erfasst, sondern beispielsweise auch das Strafrecht und das Gesellschaftsrecht. Die politische Stabilität setzt den Rahmen für die Regulierung und deren Umsetzung.

258 Die Nennungen bezüglich Verfügbarkeit von Knowhow und qualifizierten Arbeitskräften bekräftigen, dass in der wissensintensiven Finanzindustrie Bildung und Forschung essentiell sind. All diese vorgenannten Faktoren geben ein Bild von Stabilität, Zuverlässigkeit und Dynamik zugleich wieder. Weitere wichtige Rahmenbedingungen sind die öffentliche Infrastruktur sowie der Aspekt, dass sämtliche notwendigen Dienstleistungen verfügbar sind. Interessanterweise sind die zentrale Lage und die Erreichbarkeit nicht in den vorderen Rängen, was wahrscheinlich eine Folge moderner Informationstechnologien ist. Ferner hat ein gutes Steuersystem einen tragenden Einfluss. These 3 geht näher darauf ein.

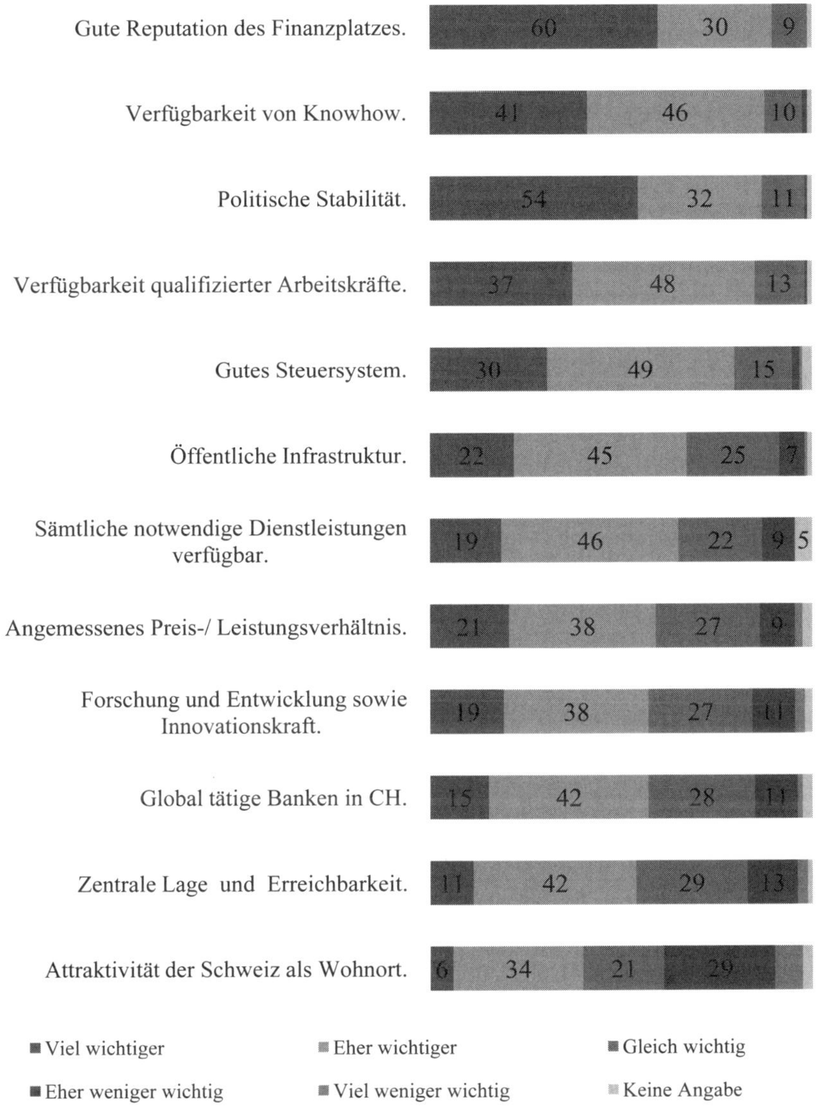

Abb. 6: Regulierung vs. andere Standortfaktoren

Die Frage lautete: Wie beurteilen Sie aus der Optik eines Finanzintermediärs die folgenden Standortfaktoren für den Finanzplatz Schweiz im Verhältnis zum Standortfaktor «Regulierung»? (Werte unter 5% werden der Übersichtlichkeit halber nicht genau beziffert.)

These 2

Der erfolgreiche Finanzplatz zeichnet sich durch eine bestimmte Regulierungsdichte aus.

259 Es fällt zunächst auf, dass die Rechtssicherheit mit grossem Abstand an erster Stelle rangiert. Dies obwohl Rufe nach Deregulierung, Flexibilität und risikobasierter Anwendung von Normen permanent erklingen. Es ist offensichtlich so, dass die Sicherheit im Recht zentral ist. Dies bedeutet: Gesetze gelten für alle, sie werden formell und materiell umgesetzt, es findet eine wirksame Durchsetzung (Enforcement) statt und es herrscht Transparenz sowie Planungssicherheit. Zur Rechtssicherheit gehört ein korruptionsfreier Staat. Dies wiederum erfordert, dass Verwaltungsbehörden und Gerichte entsprechend ausgestattet sind. Die Postulate nach dem Abbau des Staates in diesem Bereich dürften kontraproduktiv sein.

260 Die Tatsache, dass die Aufsicht über die Finanzintermediäre, der Anlegerschutz (inkl. Kundenschutz durch Rechtsschutz) sowie strafrechtliche Regeln auf wenig Gegenliebe stossen, steht im Widerspruch zur Bedeutung der Rechtssicherheit. Man könnte sich die Frage stellen, ob Rechtssicherheit dann ein Thema ist, wenn man selber etwas will, steht man aber selber potentiell im Fokus (Aufsicht, Strafrecht, Klagen von Anlegern) so ist es mit der Rechtssicherheit nicht mehr so weit her.

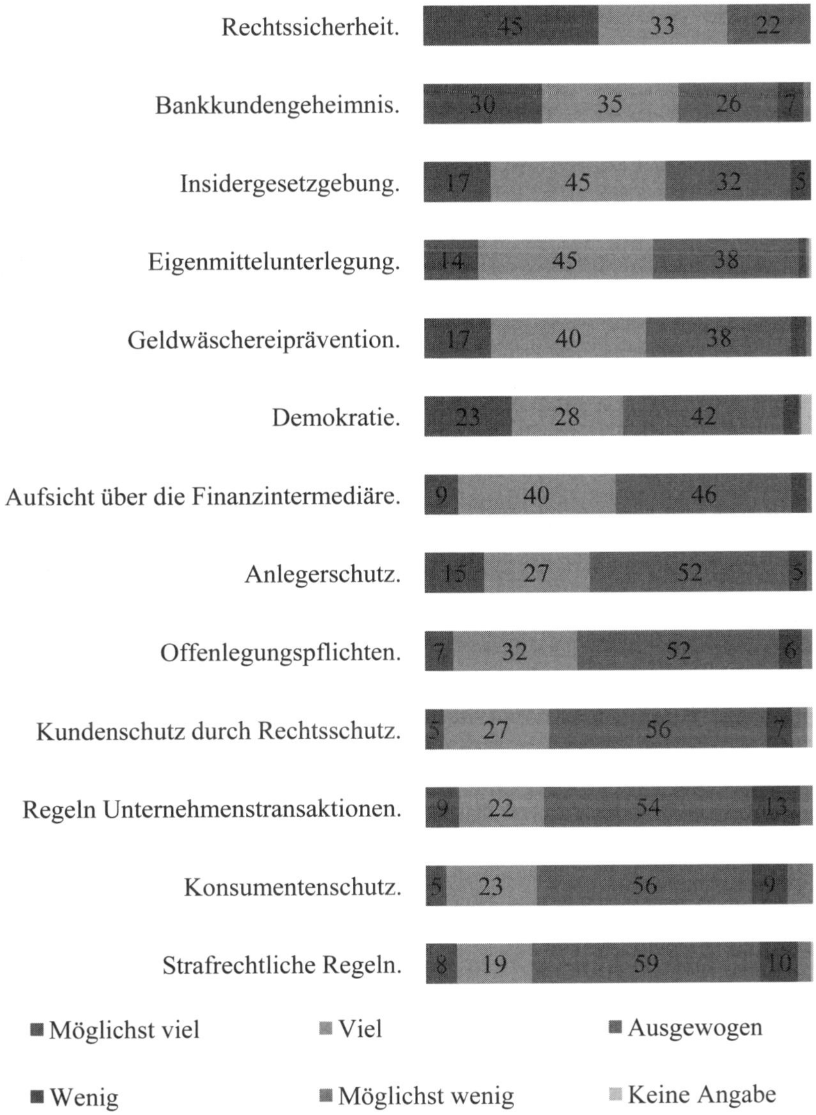

Abb. 7: Ideale staatliche Regulierung

Die Frage lautete: Wie sieht für Sie eine ideale staatliche Regulierung eines Finanzplatzes aus? (Werte unter 5% werden der Übersichtlichkeit halber nicht genau beziffert.)

Die Ergebnisse in Abb. 8 sind widersprüchlich. Es lässt sich indessen der Schluss ziehen, dass es offenbar eine Zweiteilung der Befragten gibt. Einerseits zeigt sich eine Gruppe von ungefähr 50% aller Antwortenden, die Regulierung als lästig empfinden und die Auffassung vertreten, dass starke Regulierung zur Abwanderung von Geschäften und Kunden führt. Andererseits vertreten die restlichen 50% die gegenteilige Meinung, wonach starke Regulierung Attraktivität und Produktangebot auf dem Finanzplatz Schweiz fördern.

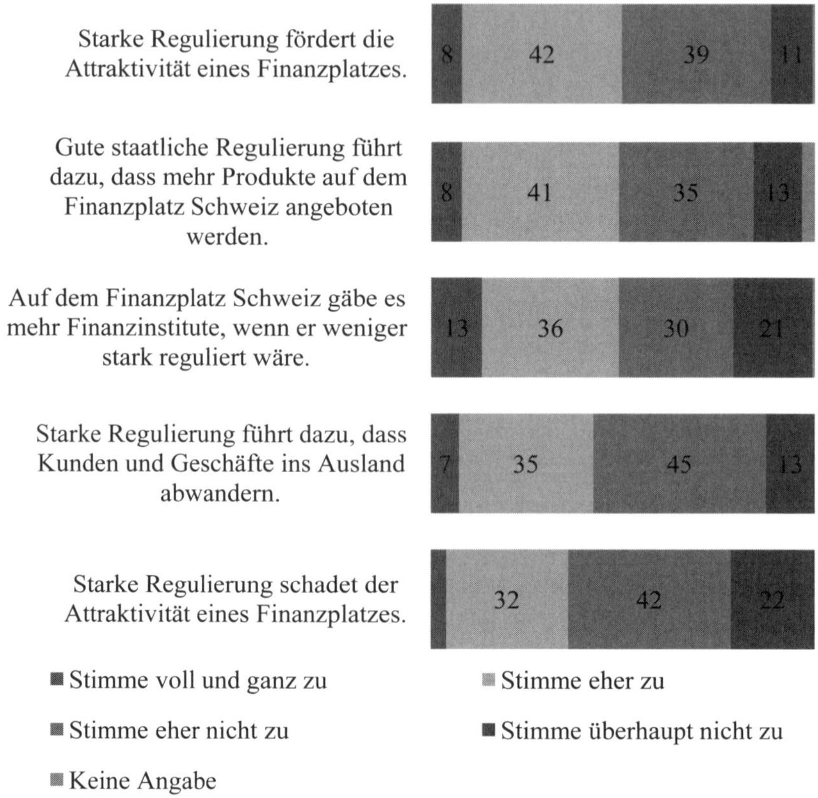

Abb. 8: Die Wirkung von Regulierung

Die Frage lautete: Welche der folgenden Aussagen sind aus der Sicht eines Finanzintermediärs zutreffend? (Werte unter 5% werden zwecks Übersichtlichkeit nicht beziffert.)

These 3

Der Faktor Steuern insgesamt ist die wichtigste Komponente bei einem Standortentscheid.

261 Das attraktive Steuersystem ist eine wichtige Grundvoraussetzung, um den Finanzplatz Schweiz als Standort in Evaluation zu ziehen. Die anderen Standortfaktoren stehen folglich in zweiter Linie. Es ist zu vermuten, dass auch hier die Rechtssicherheit und Stabilität mitentscheidend sind. Diese Gesichtspunkte dürften nach Meinung der Autoren die Wahrnehmung des Steuersystems und des Steuerklimas beeinflussen: Die Zuverlässigkeit des Steuersystems, die Konstanz in der Anwendung verfassungsmässiger Grundsätze sowie Verfahrensrechte bilden die massgebenden Grundpfeiler. Die Verwaltung handelt nach Treu und Glauben und es gilt «pacta sunt servanda»: Die Steuerpflichtigen können sich darauf verlassen, dass Steuer-Rulings eingehalten werden. Insgesamt sind Kontinuität und Zuverlässigkeit anzustreben.

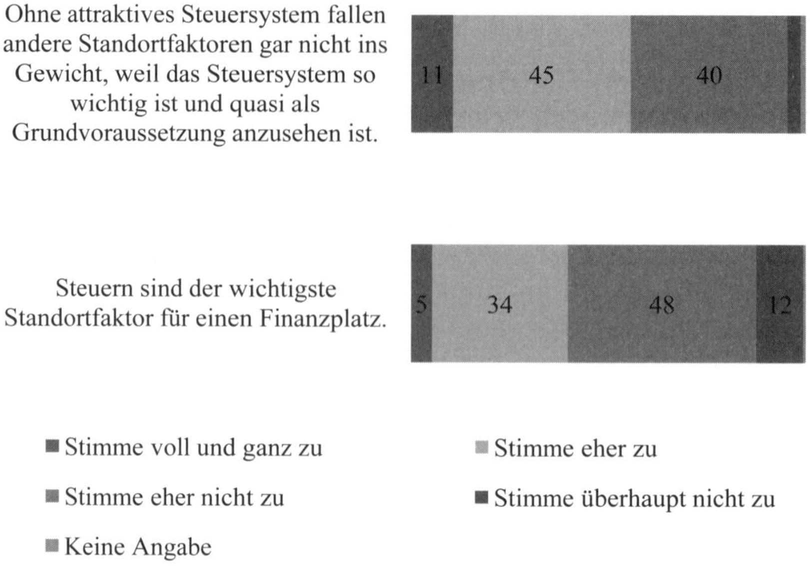

Abb. 9: Standortfaktor Steuern

Die Frage lautete: Welche Bedeutung hat für Sie als Finanzintermediär ein attraktives Steuersystem (tiefe Steuerlast, geringer Erhebungsaufwand, Zuverlässigkeit der bzw. konstruktive Zusammenarbeit mit den Steuerbehörden, vorteilhafte Doppelbesteuerungsabkommen usw.)? (Werte unter 5% werden zwecks Übersichtlichkeit nicht beziffert.)

These 4

Die Regulierung der Finanzdienstleistungsbranche ist hauptsächlich durch internationale Standards und Zwänge dominiert. Es gibt kaum Handlungsspielraum für den Schweizer Gesetzgeber.

262 Die Antworten geben ein zwiespältiges Bild wieder. Zunächst zeigen sie eine Präferenz dafür, internationale Trends nur soweit wie unbedingt nötig umzusetzen. Sie manifestieren weiter die Vorliebe für das der Schweiz oft vorgeworfene «cherry picking» und für die Haltung, nur dann etwas zu tun, wenn es nicht anders geht. Gleichzeitig aber wird mit frappanter Deutlichkeit eine Verweigerungshaltung abgelehnt, wie ferner auch eine Scheinumsetzung klar verworfen wird.

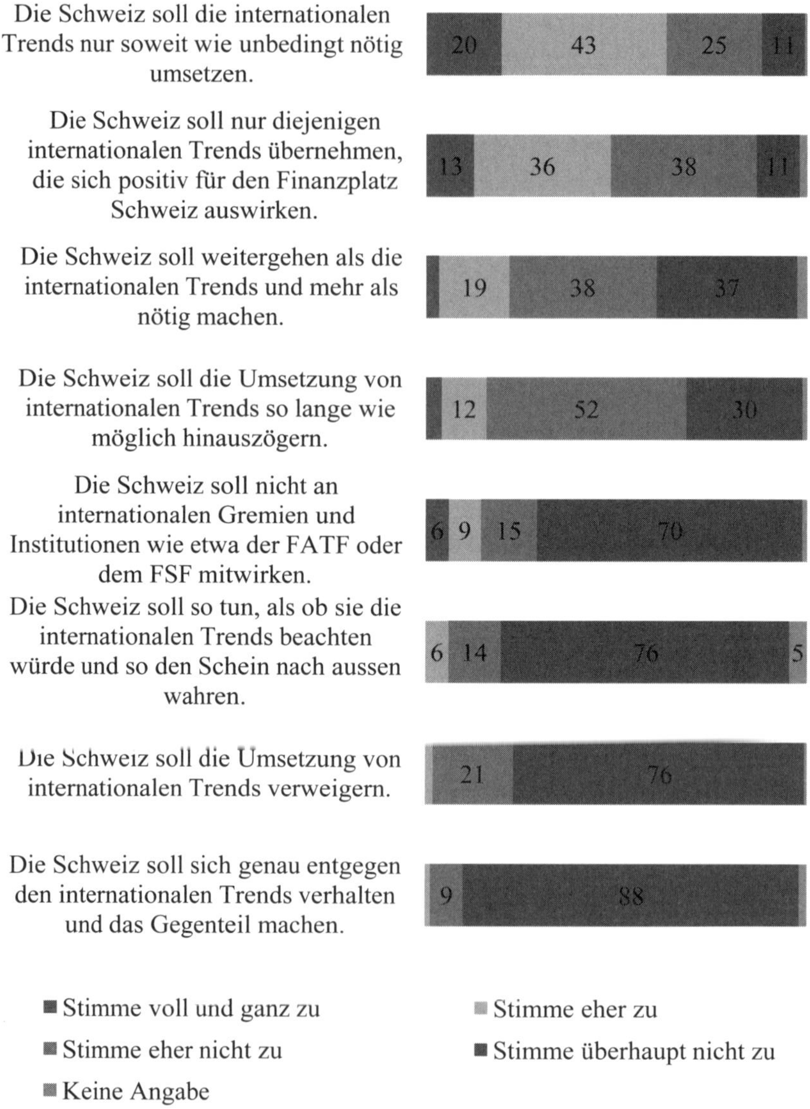

Abb. 10: Internationale Trends und Standards

Die Frage lautete: Wie soll sich der schweizerische Gesetzgeber bezüglich der Finanzmarktregulierung gegenüber internationalen Trends und Standards verhalten (aktuell z.B. Basler Eigenmittelvorschriften [Basel II], MiFID, Empfehlungen der FATF, Standards des FSF, usw.)? (Werte unter 5% werden zwecks Übersichtlichkeit nicht beziffert.)

These 5

Der Staat muss aktiv die Bemühungen der Privat wirtschaft unterstützen und den Finanzplatz international fördern.

263 Prinzipiell soll der Staat keine Strukturpolitik betreiben und den Finanzplatz wie alle Wirtschaftssektoren behandeln. Irgendwie aber erwarten die Akteure doch, dass der Finanzplatz speziell vermarktet werden soll und lehnen eine Passivität des Staates ab. Bemerkenswert ist angesichts der aktuellen Bemühungen der Schweizerischen Bankiervereinigung und der Institutionen des Finanzplatzes Schweiz, dass eine Denkfabrik (durch den Staat gefördert und finanziert) eher abgelehnt wird. Daraus kann der Schluss gezogen werden, dass die Bemühungen der Privatwirtschaft im Vordergrund stehen. Die grosse Mehrheit lehnt staatliche Privilegien für Finanzintermediäre ab. Diejenigen, die entsprechende Massnahmen befürworten (28 der 151 Antwortenden), äusserten sich im Rahmen einer Folgefrage (vgl. Abb. 12) zum Charakter der Privilegien: Steuerprivilegien und Subventionen wurden abgelehnt. Die Frage der Steuerprivilegien darf dabei nicht vermischt werden mit der Ausgestaltung des Steuersystems an sich. Gewünscht wurden rechtliche Vereinfachungen. Hier ist der Handlungsspielraum jedoch nicht ohne weiteres erkennbar.

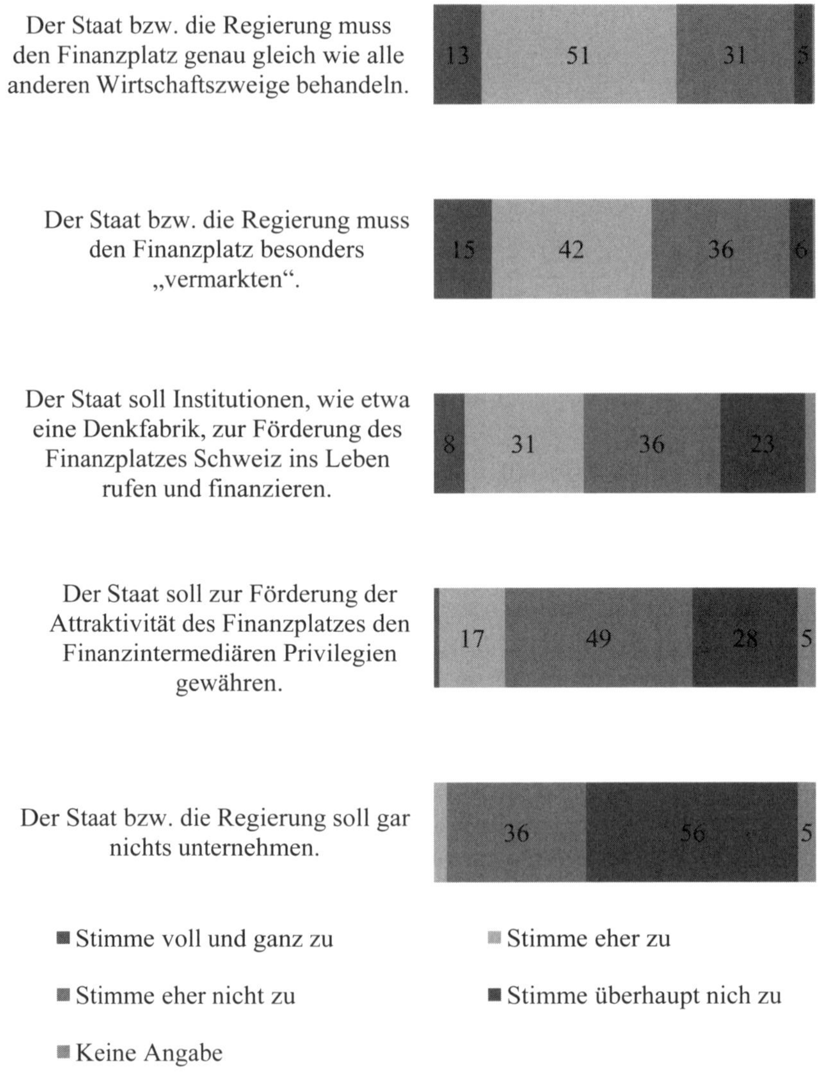

Abb. 11: Notwendigkeit staatlicher Förderung

Die Frage lautete: Welche der folgenden Aussagen sind aus Ihrer Sicht als Finanzintermediär zutreffend? (Werte unter 5% werden zwecks Übersichtlichkeit nicht beziffert.)

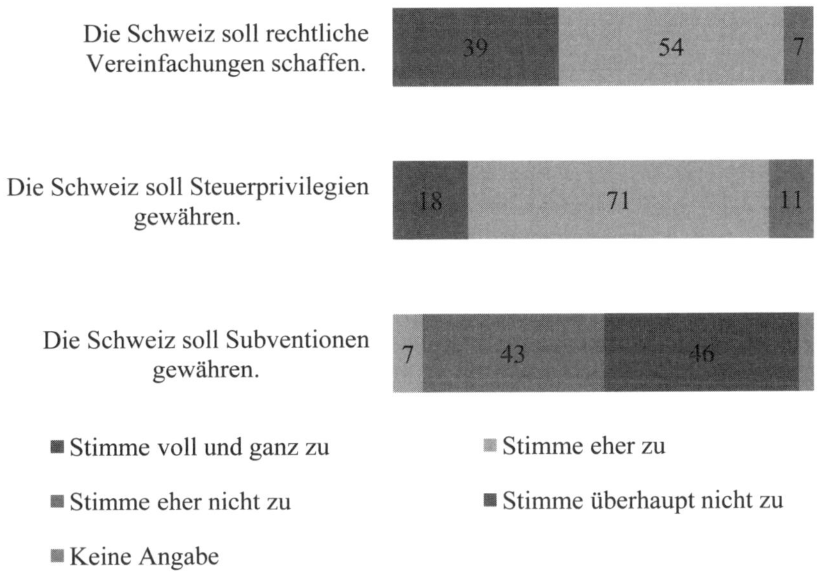

Abb. 12: Staatliche Privilegien

Die Frage lautete: Welche der folgenden Aussagen sind in Bezug auf die vorerwähnten Privilegien Ihrer Meinung nach zutreffend? Unter der Rubrik «Andere» wurden ferner folgende Aussagen aufgeführt: «Die Schweiz soll vor allem den Finanzplatz und ihre Vorteile nicht vorverurteilen»; «Direktzahlungen entrichten»; «Regulatorische Änderungen zur Förderung des Finanzplatzes fördern und zügig angehen»; «Die Schweiz soll Subventionen gewähren, um unsere Werte/Produkte/Vorteile/Kenntnisse aufrecht zu erhalten»; «Die Schweiz soll nicht den Vorreiter und Musterknaben spielen. Auch andere kritisieren»; «Keine zu detaillierte Regelungen, um nicht die Entwicklung und Produktdynamik zu ver-/behindern.» (Werte unter 5% werden zwecks Übersichtlichkeit nicht beziffert.)

These 6

Für die Wahl des Standortes bzw. des Instituts ist nicht nur die Reputation des Finanzplatzes entscheidend, sondern vor allem auch die Reputation der einzelnen Finanzintermediäre.

264 Die Rolle der einzelnen Akteure des Finanzplatzes ist zentral. Dabei geht es um die Frage der Legitimität des Handelns, welche den eigenen Ruf wie auch den des Finanzplatzes insgesamt beeinflusst. Die Umfrageergebnisse erhellen, dass die Dynamik und damit einhergehend auch die systemischen Risiken von illegitimem Handeln erkannt sind. Weiter zeigt sich, dass der Ruf des Finanzplatzes als Ganzes für den Kundenentscheid massgeblich ist.

265 Die Anerkennung, dass legitimes Handeln einen zentralen Punkt darstellt, beinhaltet stillschweigend die Erkenntnis, dass legales Handeln und Unterlassen allein für den Ruf des Finanzplatzes allgemein nicht genügt. Abb. 14 zeigt, wo die Antwortenden den Bedarf an über das bereits gesetzlich Vorgeschriebene hinausgehender Regulierung orten. Im Investment Banking sowie Private Banking im weitesten Sinne (Trust und Stiftungen sowie Vermögensverwaltung werden hier begrifflich dem Private Banking zugewiesen) zeigt sich, dass die unternehmensinterne Selbstregulierung einen wichtigen Themenkreis bildet. In beiden Bereichen hat sie auch Tradition, so datieren die Richtlinien für Vermögensverwaltungsaufträge der Schweizerischen Bankiervereinigung in ihrer ersten Fassung aus dem Jahre 1978.

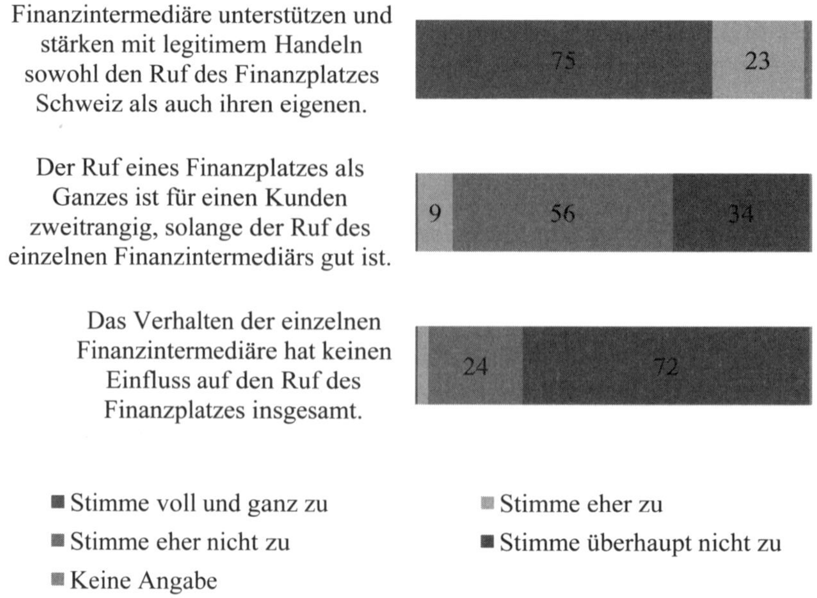

Abb. 13: Reputation durch den Finanzintermediär

Die Frage lautete: Welche der folgenden Aussagen sind aus Ihrer Sicht zutreffend? (Werte unter 5% werden zwecks Übersichtlichkeit nicht beziffert.)

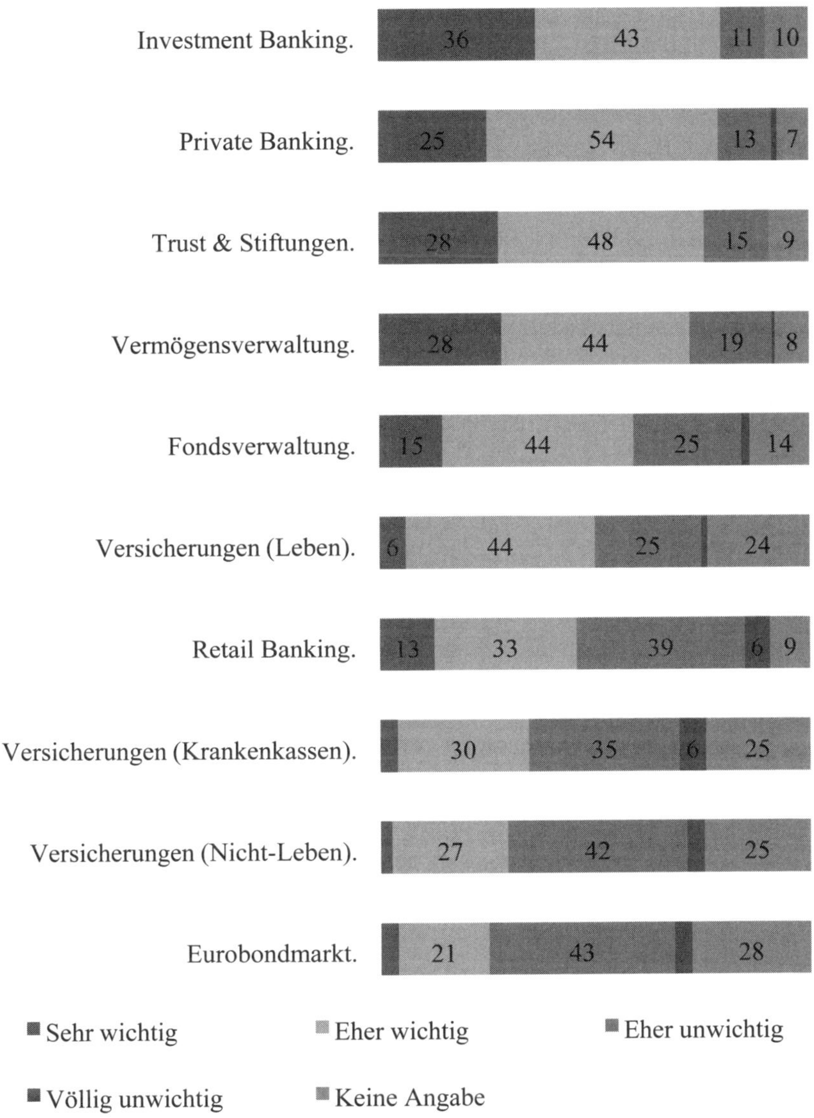

Abb. 14: Vergleich Branchen

Die Frage lautete: Wie wichtig ist eine über das gesetzlich Vorgeschriebene hinausgehende interne Regulierung in den folgenden Bereichen? (Werte unter 5% werden zwecks Übersichtlichkeit nicht beziffert.)

These 7

Der Finanzintermediär kann sich mit interner Selbstregulierung profilieren und dadurch einen Mehrwert generieren.

266 Die Bedeutung der unternehmensinternen Regulierung wird als sehr hoch eingeschätzt. Damit gewinnt ein Unternehmen ein Gesicht (Profil), welches offenbar Vertrauen erweckt und die Reputation prägt. Es entsteht der Eindruck, dass die Antwortenden beim obersten Balken der Grafik, nicht unbedingt aus ihrer Sicht als Kunde geantwortet haben. Denn die beiden nächsten Balken relativieren die Bedeutung für Kundenentscheidungen. Nichtsdestotrotz aber darf aufgrund der Auswertung festgehalten werden, dass sich die unternehmensinterne Regulierung zu einem wichtigen Thema entwickelt hat.

267 Die Wertschöpfung durch interne Regulierung wird überwiegend bejaht. Diejenigen, welche die Wertschöpfung von interner Selbstregulierung bejahen (97 der 151 Antwortenden), äusserten sich im Rahmen einer Folgefrage (vgl. Abb. 17) zum Charakter der Wertschöpfung: Es zeigt sich, dass die positive Wahrnehmung in der Öffentlichkeit und bei der Aufsichtsbehörde als dominante Form der Wertschöpfung (in Form von Wertschätzung) gewertet wird. Bemerkenswert auch, dass sowohl bei der Kundenakquisition wie auch bei der Mitarbeiterrekrutierung Vorteile gesehen werden und auch die Finanzanalysten entsprechenden Bemühungen Rechnung tragen. Die Auffassung, dass unternehmensinterne Regulierung im Falle eines Skandals eine gewisse Immunität erzeugt, wird von den Antwortenden klar verworfen.

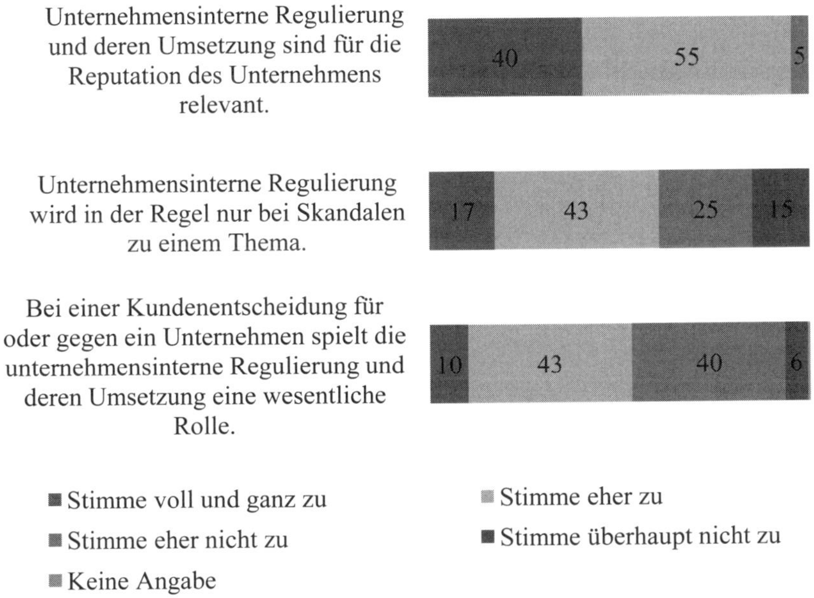

Abb. 15: Unternehmensinterne Regulierung

Die Frage lautete: Welche der folgenden Aussagen sind aus Ihrer Sicht als Kunde von Finanzdienstleistungsunternehmen zutreffend? (Werte unter 5% werden der Übersichtlichkeit halber nicht genau beziffert.)

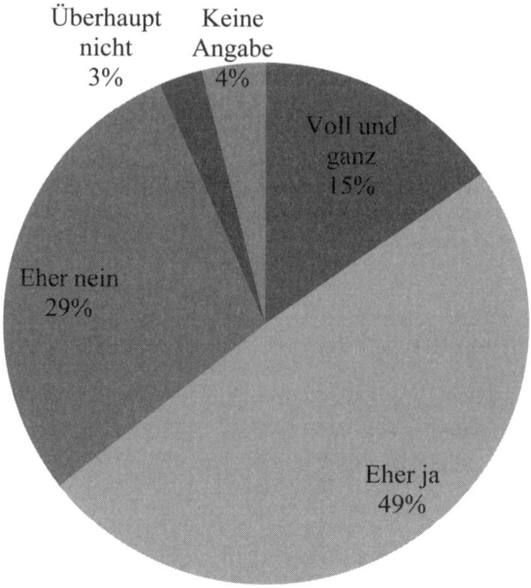

Abb. 16: Wertschöpfung

Die Frage lautete: Kann Ihrer Meinung nach ein Finanzintermediär mit überobligatorischem (freiwilligem) Engagement bei der Umsetzung von Regulierung für sich Wert schöpfen? (Werte unter 5% werden zwecks Übersichtlichkeit nicht beziffert.)

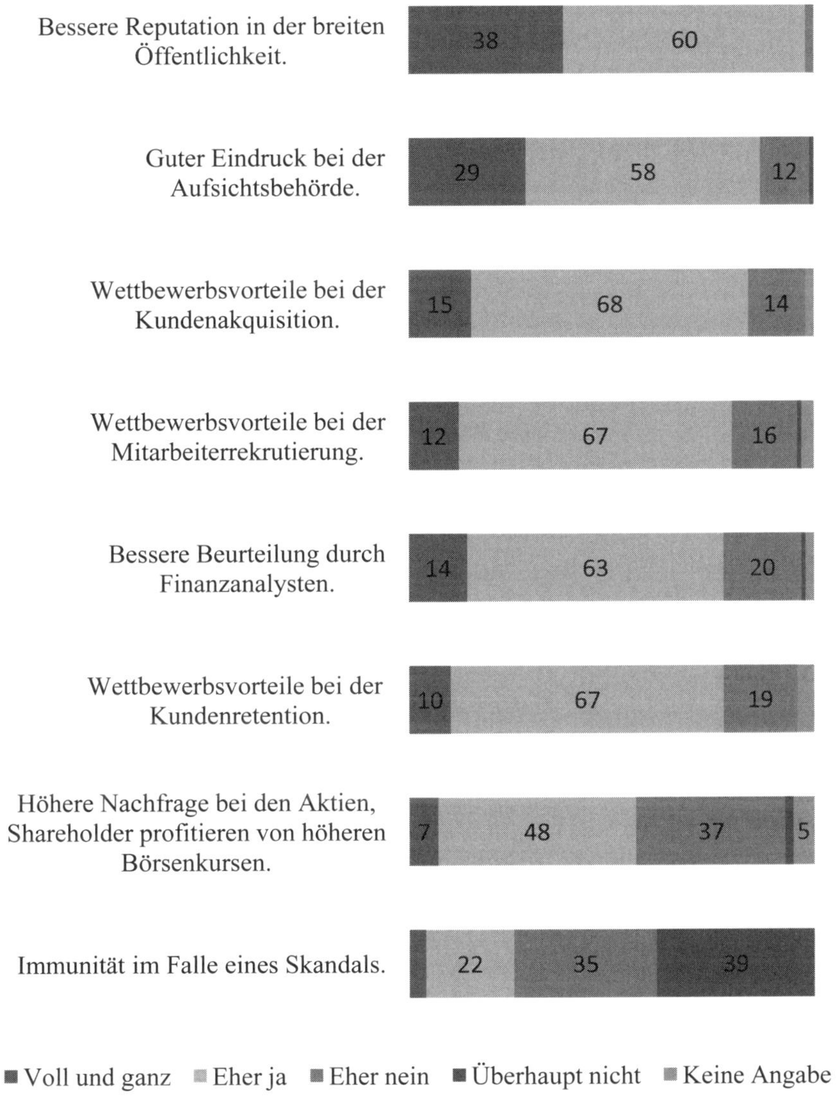

Abb. 17: Form der Wertschöpfung

Die Frage lautete: In welcher Form entsteht aus Ihrer Sicht diese Wertschöpfung? (Werte unter 5% werden zwecks Übersichtlichkeit nicht beziffert.)

These 8

Im Private Banking steht die enge Kundenbindung im Zentrum, weshalb auch die unternehmensinterne Regulierung im Sinne allgemeiner Verhaltensgrundsätze wichtig ist.

268 Private Banking ist «People's Business». Der persönliche Kundenberater ist die wichtigere Determinante als die Reputation des Finanzintermediärs insgesamt, berücksichtigt man nur die Nennungen unter «sehr wichtig». Weit abgeschlagen sind sodann die anderen Faktoren, wobei auffallend ist, dass Publikationen wenig bis gar keine Beachtung finden. Bemerkenswert ist weiter, dass die Besetzung des Verwaltungsrates und der Geschäftsleitung nicht derartige Auswirkung haben, wie diejenige des Kundenberaters selbst. Die Reputationsdynamik wird zudem stark durch das Verhalten und die Auftritte von wichtigen Mitarbeitern geprägt. Es lässt sich der Schluss ziehen, dass die Institute bei der Auswahl der Kundenberater besondere Sorgfalt walten lassen sollten. Ob dies in einer Zeit, wo Kundenberater ihrer verwalteten Assets wegen abgeworben und angestellt werden, genügend Beachtung findet, muss hier offen bleiben. Jedenfalls gilt die Forderung nach «know your employee» ganz besonders – sonst ist dieses Risiko nicht zu bewältigen.

Abb. 18: Auswahlkriterien Kunde

Die Frage lautete: Welche Bedeutung haben aus Ihrer Sicht als Kunde die folgenden Aspekte für die Auswahl eines Finanzintermediärs? (Werte unter 5% werden zwecks Übersichtlichkeit nicht beziffert.)

These 9

Produkte und Dienstleistungen von Finanzintermediären orientieren sich nach den Kunden und die Kunden folgen den Produkten und Dienstleistungen der Finanzintermediäre.

269 Für Private Banking Kunden steht die Beratungsqualität sehr im Vordergrund. Dies in Übereinstimmung mit der Antwort in These 8, wonach der persönliche Kundenberater von grosser Bedeutung ist. Interessant ist dann aber, dass ein Wechsel beim persönlichen Betreuer nicht unbedingt als Faktor genannt wird, der in zwingender logischer Konsequenz zum Wechsel des Instituts führt. Die Dienstleistungsqualität an sich sowie eine unbefriedigende Performance sind zentral. Ein Skandal ist in diesem Bereich eingreifend, denn eine negative Reputation insgesamt führt zur Abwanderung von Kunden. Mängel in der Compliance scheinen bei Private Banking Kunden auf unterschiedliche Resonanz zu stossen.

270 Der Retail Kunde ist den Ergebnissen der Umfrage zufolge stark auf die Frage der Gebühren fokussiert und wechselt, wenn sie (zu) hoch sind. Dies hängt vermutlich mit der Tatsache zusammen, dass der Retail Kunde vor allem standardisierte Produkte kauft und eine weniger weitgehend individualisierte Beratung erfordert. Der Retail Banking Kunde misst Mängeln in der Compliance eine kleinere Bedeutung zu als der Private Banking Kunde.

271 Man kann ferner erkennen, dass Private Banking Kunden stark personen- und institutsorientiert sind. Die Nennungen zur Palette von Produkten und Dienstleistungen indizieren, dass Kunden vor allem einen Anbieter wählen, dessen Palette sämtliche gewünschten Produkte und Dienstleistungen enthält.

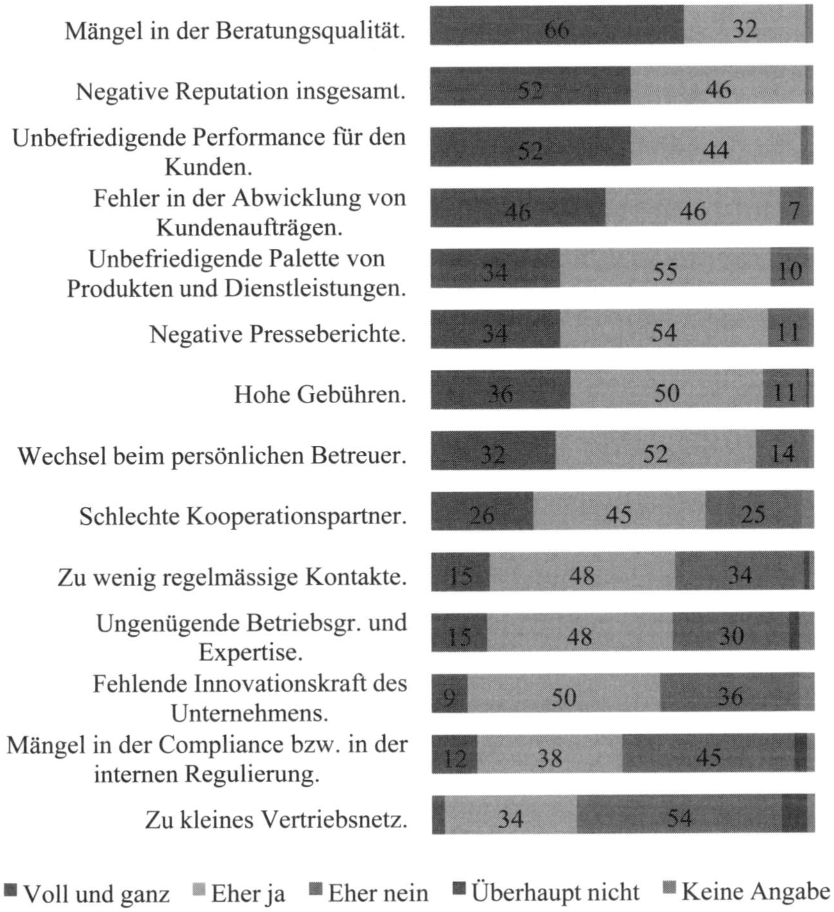

Abb. 19: Auflösungsgründe Private Banking

Die Frage lautete: Welche der folgenden Faktoren können einen PRIVATE BANKING Kunden veranlassen, den Finanzintermediär zu wechseln? Unter der Rubrik «Andere» wurden ferner folgende Aussagen aufgeführt: «Wenn sich der Finanzintermediär zu wenig für die Kundeninteressen, insbesondere die Geheimhaltung der Kundendaten einsetzt», «Erreichbarkeit», «Professionalität sowie umfassendes internationales Knowhow», «Die Wirkungen aus Mängeln in der Compliance», «Fehlende persönliche Betreuung», «Verwicklung in kriminellen Machenschaften», «Fehlender Schutz der Privatsphäre (Bankgeheimnis)», «Fehlendes Vertrauen», «Mangelnde unternehmerische Glaubwürdigkeit», «Fachkompetenz Kundenberater», «Persönliche Empfindung», «Falsche Reaktion bei fehlerhaftem Verhalten der Bank», «Form der Kommunikation», «Servicequalität». (Werte unter 5% werden zwecks Übersichtlichkeit nicht beziffert.)

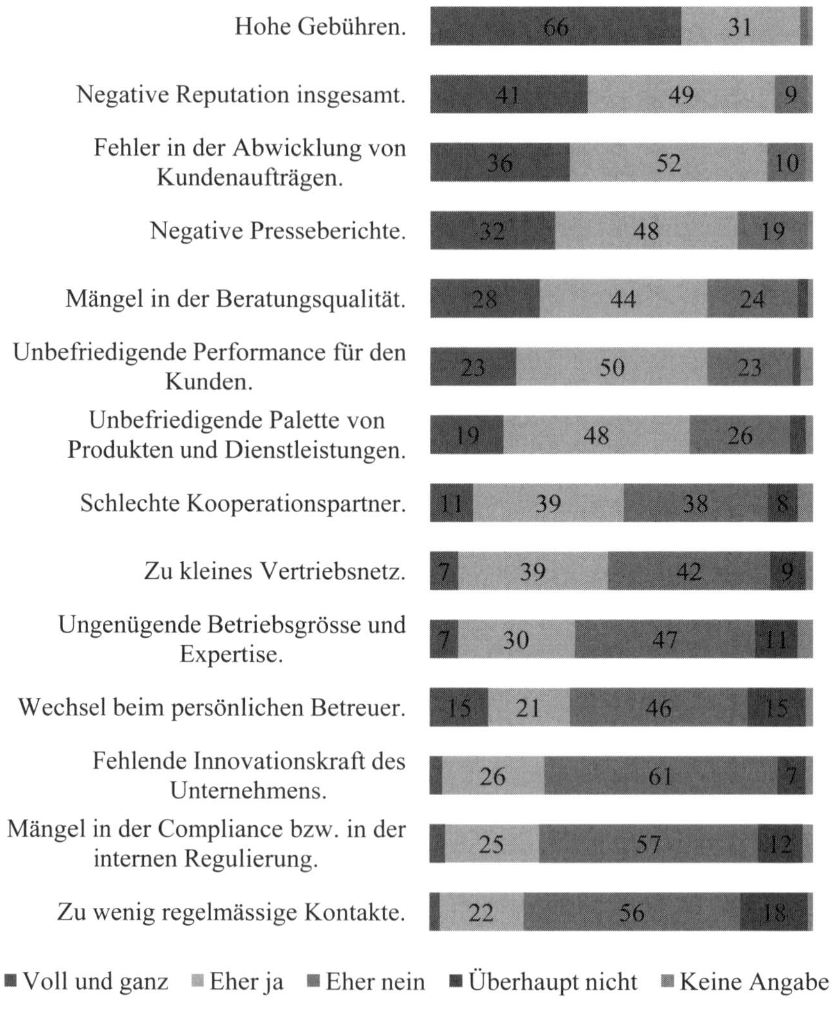

Abb. 20: Auflösungsgründe Retail Banking

Die Frage lautete: Welche der folgenden Faktoren können einen RETAIL BANKING Kunden veranlassen, den Finanzintermediär zu wechseln? Unter der Rubrik «Andere» wurden ferner folgende Aussagen aufgeführt: «Ungenügende Erreichbarkeit», «Professionalität insgesamt», «Die Wirkungen aus Mängeln in der Compliance», «Hohe Verfügbarkeit durch Zugehörigkeit zu Verbund (z.B. Bancomat, Anschluss an internationale Partner, usw.)», «Vernetzung (lokal/national/international)», «Honorare/Bonus im Verhältnis zu Gebühren», «Falsche Reaktion bei fehlerhaftem Verhalten der Bank», «Werbung». (Werte unter 5% werden zwecks Übersichtlichkeit nicht beziffert.)